São Paulo: Memória e Sabor

FUNDAÇÃO EDITORA DA UNESP

Presidente do Conselho Curador
Herman Jacobus Cornelis Voorwald

Diretor-Presidente
José Castilho Marques Neto

Editor Executivo
Jézio Hernani Bomfim Gutierre

Conselho Editorial Acadêmico
Alberto Tsuyoshi Ikeda
Célia Aparecida Ferreira Tolentino
Eda Maria Góes
Elisabeth Criscuolo Urbinati
Ildeberto Muniz de Almeida
Luiz Gonzaga Marchezan
Nilson Ghirardello
Paulo César Corrêa Borges
Sérgio Vicente Motta
Vicente Pleitez

Editores Assistentes
Anderson Nobara
Arlete Zebber
Ligia Cosmo Cantarelli

PREFEITURA DA CIDADE DE SÃO PAULO
SECRETARIA MUNICIPAL DE CULTURA
DEPARTAMENTO DO PATRIMÔNIO HISTÓRICO
MUSEU DA CIDADE DE SÃO PAULO

Projeto
Inês Raphaelian

Coordenação executiva
Henrique Siqueira

Colaboradores
Francisco Bernardo Pinheiro
Marfisia M. P. Lancellotti
Weildya F.V. Michiles

SÃO PAULO: MEMÓRIA E SABOR
Este livro resulta da curadoria de Rosa Belluzzo para as exposições *Fazeres e sabores da cozinha paulista* (2007) e *São Paulo: metrópole do café* (2008), na Casa do Bandeirante – Museu da Cidade de São Paulo

Coordenação editorial
Marcos Keith Takahashi

Fotos (capa e receitas)
Romulo Fialdini

Cozinha Experimental
Heloisa Bacellar

Assistente de Pesquisa
Terezinha Melo

Projeto Gráfico
AMDesgin Gráfico

Revisão de Texto
Kátia Shimabukuro

Tratamento de Imagens
Denis Rodrigo dos Santos

São Paulo: Memória e Sabor
Rosa Belluzzo

*Ao meu pai
Luiz Gonzaga Belluzzo,
paulista, paulistano de coração,
mas de paladar universal,
como convém ao cosmopolita da metrópole.*

© 2008 Editora UNESP

Direitos de publicação reservados à:
Fundação Editora da UNESP (FEU)

Praça da Sé, 108
01001-900 – São Paulo – SP
Tel.: (0xx11) 3242-7171
Fax: (0xx11) 3242-7172
www.editoraunesp.com.br
www.livrariaunesp.com.br
feu@editora.unesp.br

CIP – Brasil. Catalogação na fonte
Sindicato Nacional dos Editores de Livros, RJ

B388s

Belluzzo, Rosa
    São Paulo : memória e sabor / Rosa Belluzzo. – São Paulo: Editora UNESP, 2008.

    Inclui bibliografia
    ISBN 978-85-7139-883-2

    1. Culinária brasileira - São Paulo (Estado). 2. São Paulo (Estado) - História. 3. São Paulo (Estado) - Usos e costumes. I. Título.

08-4686.   CDD: 641.598161
                                                             CDU: 641.568(816.1)

EDITORA AFILIADA:

Sumário

Introdução, *10*
1 Do mar para o sertão, *12*
2 Campo de Piratininga, *16*
3 Entradas e bandeiras, *22*
4 Fazeres e sabores, *26*
5 Monções e tropeiros, *30*
6 Cozinha caipira, *34*
7 Engenhos e cafezais, *38*
8 De província a metrópole, *46*
9 Ócio, tachos e gamelas, *52*
10 São Paulo de vários sotaques, *56*
11 Trivial variado, *62*
12 Colher de pau: fragmentos da
    memória, *66*

Referências bibliográficas, *114*

Receitas, *72*

TRIVIAL VARIADO

Bolinho de arroz, 74
Pastel de queijo, 75
Pastéis de farinha de milho, 76
Afogado de São Luiz do Paraitinga, 77
Angu, 78
Arroz de forno, 79
Frango caipira, 80
Feijão-tropeiro, 81
Carne de panela, 82
Cuscuz à paulista, 83
Pernil assado, 85
Farofa, 85
Paçoca de carne-seca, 86
Galinhada, 88
Tigelada de chuchu, 89
Torta de palmito, 90
Virado à paulista, 91

COLHER DE PAU

Bolo de melado, 92
Bolo simples, 93
Canjica, 94
Curau, 95
Pamonha de milho-verde, 96
Pudim pauliceia, 97
Pudim de café, 98
Sopa de cavalo cansado
ou sopa dourada, 99

QUITANDAS PARA O CAFÉ

Biscoito de polvilho, 100
Bolinho de chuva, 101
Brevidade, 102
Lua de mel, 103
Broinhas de amendoim, 105

GULOSEIMAS

Balas de café, 106
Bom-bocado, 107
Geleia de mocotó, 109
Geleia de jabuticaba, 110
Melado com mandioca, 111
Marmelada, 112
Paçoca de amendoim, 113

Aurélio Becherini, *Vale do Anhangabaú* (fragmento), c. 1919.

Introdução

A tradicional cozinha paulista está em declínio!

Não há dúvida que a fusão de culturas que ocorreu na metrópole de São Paulo produziu uma riqueza de sabores de origens variadas – portuguesa, italiana, alemã, judaica, japonesa, entre outras.

Procurando resgatar a cultura culinária paulista, hoje totalmente esquecida, recorri aos antigos cadernos de receitas de familiares e amigos.

Os cadernos manuscritos e os livros de receitas possibilitam a análise dos modelos alimentares de cada época, suas transformações históricas e refletem as diferenças das cozinhas regionais.

Porém, esses cadernos de receitas estão destinados a mofar nos baús, sendo que a maioria deles se perdeu nos escaninhos do tempo.

Segundo Gilberto Freyre, "As novas gerações de moças já não sabem, entre nós, [...] fazer um doce ou guisado tradicional e regional. Já não têm gosto nem tempo para ler os velhos livros de receitas de família".

As receitas recolhidas dos cadernos das famílias paulistas incluem pratos salgados e doces, herança dos bandeirantes, tropeiros, "caipiras" e das sinhás das fazendas de açúcar e café.

O mais antigo caderno pesquisado é de 1911, redigido por minha avó Hermelinda Pereira de Mello, exímia cozinheira e doceira e também uma grande anfitriã.

Os lanches que ela preparava para seus netos eram recheados das mais variadas guloseimas. Não faltavam os bolinhos de chuva, os biscoitinhos lua de mel, os sequilhos, a geleia de mocotó em taça, as broinhas de fubá ou de amendoim, o biscoito de polvilho, o pão de ló, o bolo de melado ou de fubá, sempre acompanhados de chá ou café. Dos tachos fumegantes dos fogões a lenha desprendiam-se aromas que, até hoje, impregnam nossos olfatos e são testemunho da transmissão da cozinha familiar.

As doces lembranças dessas iguarias, que degustamos na infância, perpassam o tempo e ainda permanecem na memória de nosso paladar, mas nos alertam para o risco do esquecimento da culinária paulista.

São Paulo está a perder sua tradição culinária e devemos recuperá-la!

Os salgados e doces mais característicos de sua cozinha – o virado à paulista, o frango caipira ou recheado com farofa, o cuscuz à paulista, a paçoca de carne-seca, o bolinho de arroz, o pastel, a galinhada, o angu, o pernil com farofa, a canjica, o curau, a marmelada e a goiabada, a bala de café, as brevidades e o pudim à pauliceia – estão desaparecendo.

Gostaria de agradecer a todos que cederam seus cadernos e receitas avulsas para ilustrar este livro: Baby Motta, tia Betica Pereira de Mello, Beto Galvez (caderno de Maria Aparecida Noronha Galvez), Heloisa Bacellar (caderno de D. Marina de Almeida Prado Bacellar, D. Escolástica Cintra de Almeida Prado e D. Maria Lopes Figueira), Maria Carolina Soares Guimarães (caderno de D. Anna Cerqueira Cesar Rudge Varella), Maria Cecília e João Francisco Diniz Junqueira (caderno de D. Áurea Stella Franco Junqueira), Maria Déo de Souza Pinto, Nini Duarte, Onilda Proença, Santina Noronha Nunes, tia Solange Amorim Lima, Stella Pupo Nogueira (caderno de sua avó Maria Antonietta Sampaio Pereira Mendes) e Terezinha da Silva Pontes.

As receitas foram readaptadas ao nosso tempo, a banha de porco foi substituída por óleo vegetal, as medidas foram atualizadas, o excesso de condimentos foi reduzido, assim como a quantidade de açúcar e de ovos.

Reviver a variedade de sabores e aromas da tradicional cozinha de São Paulo significa valorizar a compreensão da história do cotidiano das famílias paulistas.

ROSA BELLUZZO

> [...] será tamanha que haverá nela
> bem 20 ou 25 léguas por costa;
> [...] pelo sertão nos pareceu do mar,
> muito grande [...]
>
> Pero Vaz de Caminha,
> *Carta ao Rei Dom Manuel*

1 DO MAR PARA O SERTÃO

Os descobridores portugueses não tiveram, a princípio, grande interesse pelas novas terras, pois estavam voltados para a exploração das riquezas das Índias Orientais.

Ao constatarem a frequente presença de franceses e holandeses nas costas brasileiras para a exploração do pau-brasil, sentiram-se ameaçados. A Coroa portuguesa, com o intuito de proteger a colônia, organizou uma expedição comandada por Martim Afonso de Sousa e o fidalgo Brás Cubas. Juntos, percorreram a costa brasileira com a missão de tomar posse efetiva da terra.

Na costa de São Vicente, Martim Afonso encontrou náufragos e degredados que já conviviam com os nativos, como João Ramalho, casado com Bartira, filha do cacique Tibiriçá, com quem teve muitos filhos mamelucos.

"João Ramalho e os portugueses de Piratininga, de Santo André e de outros burgos [...] uniram-se com as índias [...]

João Teixeira Albernaz "O Velho",
São Paulo a nove léguas da barra,
mapa da Capitania de São Vicente, 1631.

Acima, Martim Afonso de Sousa, s/d.

Na página seguinte,
Antoine Hercule Romuald Florence,
índias preparando a farinha (detalhe), 1828.

e estas uniões contribuíram poderosamente para fazer o povoamento de São Vicente e formaram a raça cruzada dos mamelucos, fervorosa, energética, indomável e aventureira. Essa é a origem da maior parte desses intrépidos aventureiros, que são chamados de sertanejos de São Paulo" (Macedo, 1873, p.368-9).

Posterior donatário da Capitania de São Vicente, Martim Afonso, que havia trazido mudas de cana-de-açúcar da Ilha da Madeira, ergueu o primeiro engenho denominado Schetz, que, mais tarde, veio a se chamar São Jorge dos Erasmos.

A Vila de São Vicente prosperou nos primeiros anos com a produção açucareira. A força motriz das moendas e o transporte da cana-de-açúcar eram feitos por gado vacum, introduzido nessa mesma época, vindo de Cabo Verde.

Homens empreendedores, Martim Afonso e Brás Cubas deram início às expedições à procura de ouro e prata, chegando ao Campo de Piratininga, utilizando trilhas indígenas. Martim Afonso, guiado por João Ramalho, aventurou-se a subir a Serra do Mar e juntos fundaram a Vila de Santo André da Borda do Campo, onde se instalaram os primeiros colonos.

Em 1549, a Coroa portuguesa nomeou Tomé de Sousa governador-geral do Brasil. Na mesma expedição, chegaram alguns jesuítas com o objetivo de converter os nativos à fé cristã.

Em 1553, João Ramalho foi nomeado capitão da Vila de Santo André e, em 1562, assumiu o cargo de capitão-mor de São Paulo de Piratininga.

2 Campo de Piratininga

Pero de Magalhães Gandavo,
Tratado da terra do Brasil

Os jesuítas, liderados pelos padres Anchieta e Manuel da Nóbrega, foram os pioneiros na ocupação do planalto de Piratininga. O burgo nasceu com a fundação do Colégio dos Jesuítas, em 25 de janeiro de 1554, em uma colina banhada pelos rios Tamanduateí e Anhangabaú. Há referências de que foi cercado, desde o início, por muros de barro socado (taipa de pilão), como proteção contra ataques de tribos inimigas.

Segundo Anchieta, "construíram uma pobre casinha feita de barro e paus e coberta de palha [...]" (apud Bruno, 1953, p.100). Em seu entorno, reuniram-se casas e algumas vias públicas foram abertas.

As casas urbanas eram rústicas, feitas de taipa e cobertas com palha. As dependências das moradias eram formadas por uma varanda, quartos com redes de dormir, sala mobiliada com alguns bancos e baú de madeira. Não havia mesas e,

Edmund Pink,
Panorama da cidade de São Paulo, 1823.

por isso, comia-se no chão sobre uma esteira de palha. A cozinha ficava fora do corpo da casa, e o quintal abrigava o pomar, a horta, o galinheiro e o curral.

Os inventários das casas paulistas registram a presença do pilão ou do monjolo movido a água para pelar e triturar o milho e da prensa para o preparo da farinha de mandioca. Nos primeiros séculos, havia pouca diferenciação entre a paisagem urbana e a rural, o gado ficava solto pelas ruas, junto às galinhas que ciscavam e aos porcos que chafurdavam a terra.

Segundo Ernani Silva Bruno (1953, p.71-2), "[...] na capitania vicentina apenas três povoações [...] já tinham categoria de vila: São Vicente, fundada em 1532, Santos, em 1539 e elevada a vila em 1545, e Santo André da Borda do Campo, que teve foral em 1553".

As lavouras se multiplicaram e cresceu a produção de cereais e o plantio de árvores frutíferas, como marmeleiros, goiabeiras, jabuticabeiras e parreiras.

É interessante notar que o povoado de São Paulo de Piratininga, no fim do século XVI, já tinha uma fabriqueta de marmelada, inaugurada por Afonso Sardinha. Sua produção era exportada para Portugal.

O historiador Afonso de Taunay (2003, p.366) nos dá uma interessante descrição das atividades de Sardinha: "Negociava Afonso Sardinha com o Reino, a Bahia, o Rio de Janeiro, Buenos Aires e Angola. Fabricava e exportava muita marmelada; do Prata importava lãs e couros e da África escravos em larga escala [...]; mandava vender índios em Buenos Aires; possuía latifúndios nas imediações de São Paulo, consideráveis lavouras; e era armador de navios. Foi o primeiro que em São Paulo teve trapiches de açúcar, de que à Fazenda Real pagava avultados direitos".

Somente em 1711, a Vila de São Paulo foi elevada à categoria de cidade, por intermédio de uma carta régia de D. João V. Em 1748, a Capitania de São Paulo foi extinta, ficando sob jurisdição do governador do Rio de Janeiro. Sem comando durante 17 anos, o Marquês de Pombal nomeou como interventor o nobre português D. Luís António de

Antonio Luiz Dias de Andrade (Janjão), desenho de monjolo, Mogi das Cruzes (SP), zona rural.

Sousa Botelho Mourão, quarto Morgado de Mateus, para restaurar a Capitania de São Paulo no ano de 1765. O Morgado foi grande incentivador da agricultura canavieira nas vilas de Campinas, Itu e Piracicaba.

Houve uma transformação no cenário econômico, com a implantação da cana-de-açúcar e a criação de gado. Melhoraram-se os caminhos em direção ao porto de Santos devido ao intenso comércio. Apesar da preocupação de Morgado com as intervenções para melhorar o aspecto da cidade e das "casinhas modestas de um ou dos lanços [...], não vingaram de modo a alterar a paisagem roceira de São Paulo" (Lemos, 1976, p.107).

Muitos se instalaram em sítios ou fazendas na circunvizinhança da cidade, mas mantinham uma casa no centro, cuja frequência era rara, geralmente em dias de festas religiosas.

O governador Morgado de Mateus, interessado no escoamento do açúcar produzido no interior de São Paulo e do ouro de Goiás e Cuiabá, exportados para Portugal, não deixou de assinalar: "Se faz preciso, indispensável, para facilitar o comércio desta capitania [não só] abrir o caminho da Serra de Cubatão, reduzindo-o a [h]um estado tratável para se poder conduzir por ele toda casta de cargas" (Morgado de Mateus, 1769, p.279).

O governador Bernardo de Lorena, sucessor de Morgado de Mateus, iniciou, em 1790, a construção de uma nova estrada em direção ao porto de Santos. A Calçada do Lorena era pavimentada com lajes de pedra com largura suficiente para a passagem das tropas de muares, possibilitando o cruzamento sem dificuldade de animais nas idas e vindas. Essa foi a estrada que deu origem ao Caminho do Mar.

Na virada do século XVIII para o XIX, a cidade ainda crescia desordenadamente em torno do Triângulo formado pelas rua Direita, rua Martim Afonso (atual XV de Novembro) e rua da Imperatriz (atual São Bento). Nessas ruas, concentrava-se todo comércio – armazéns de secos e molhados, tabernas e o Palácio da Sola, onde se vendiam todo tipo de artefatos de couro e outros utensílios, como peneiras e pilões.

Ao lado, prensa de mandioca. Desenho de Antonio Luiz Dias de Andrade (Janjão), Mogi das Cruzes (SP), zona rural.

Na página seguinte, Edmundo Pink, *Vista da Vila de São Paulo* (detalhe do Palácio da Sola e do chafariz do Largo da Misericórdia), 1823.

*para as bandas do sol poente, as bandeiras,
entregues à correnteza das águas.
O bandeirismo é um resultado da localização
do Paulista no seu altiplano...Tudo
empurrava o bandeirante para o interior da
terra: o rio, a lenda das minas do Potosi,
o mysterio cheio de promessas das mattas
quase impenetraveis, escondendo duas fontes
inexgotaveis de riqueza – o índio
e o ouro. Nessa função histórica e geographica
a bandeira resumio todas as
qualidades e defeitos da raça que se apurara na
segregação da montanha.*

Paulo Prado, *Paulística*

3 ENTRADAS E BANDEIRAS

Veredas, trilhas e picadas indígenas... Foram por esses caminhos que os padres Manoel da Nóbrega e José de Anchieta desbravaram a Serra do Mar para fundar o povoado de Piratininga. Segregados pela montanha, como bem diz Paulo Prado, os colonizadores resistiram a todas as ordenanças da Metrópole. Ergueram uma aldeia com traços peculiares, diferenciando-a daquelas do Norte e do Nordeste, onde predominava a monocultura canavieira.

No povoado, prevaleceu, nos primeiros tempos, a policultura de subsistência fundamentada na mão de obra nativa escravizada. Empreendeu-se o cultivo do trigo entre os anos de 1630 e 1680, exportado principalmente para a Capitania do Rio de Janeiro. O pão de trigo não era apreciado pelos paulistas.

Havia informações de que a mandioca e sua farinha eram provenientes de aldeias jesuíticas mais próximas, pois

Maximilian, Príncipe de Weid-Neuwied.
Índios na floresta, s/d.

Aurélio Zimmermann,
Pouso no sertão (Rio Pardo), 1919.

essa raiz era considerada de difícil cultivo, uma vez que se julgava que a terra era imprópria.

Os portugueses e mamelucos estabelecidos no planalto de Piratininga, de maneira definitiva, palmearam as mesmas trilhas indígenas, desbravando os sertões do Brasil. Munidos de armas de fogo contra os nativos de arco e flecha, atacavam as missões jesuíticas na captura de índios para vendê-los como escravos. Por mais de cem anos, as entradas e bandeiras absorveram significativa parte da população masculina em busca de metais preciosos e nativos.

"A situação geographica de Piratininga impellia-a para o sertão, para os dois rios de cuja bacia se avizinha, o Tietê e o Parahiba do Sul, theatros prováveis das primeiras bandeiras, que tornaram logo famoso e temido o nome paulista" (Abreu, 1930, p.65).

No fim do século XVII, os indomáveis exploradores enfrentaram todo tipo de perigo, embrenhando-se nos caminhos à procura de ouro. Nas entradas para o sertão, os desbravadores não utilizavam animais de transporte. Eram andarilhos descalços e seguiam as trilhas indígenas; sendo assim, não podiam carregar muitos mantimentos. Levavam na bagagem farinha de mandioca e feijão. E era tudo!

Os bandeirantes aventureiros utilizavam os nativos escravos para desbravar as matas, caçar, coletar frutos silvestres, plantar e preparar a comida, além de carregar no dorso todos os apetrechos da expedição, alforjes com gêneros alimentícios, utensílios para cozinhar, munições e outras tralhas.

Palmeando as trilhas, os "bugres", como eram chamados os nativos pelos portugueses, iam semeando roças de subsistência em seu percurso para garantir a alimentação no caminho de volta. Cultivavam milho, feijão, abóbora, cará, batata-doce, plantas de fácil cultivo e rápida produção – o tempo de uma estação. Tinham como primeira refeição a jacuba, mistura de farinha de milho diluída em água fervente ou cachaça, adoçada com rapadura. Somente na cultura cafeeira substituíram a água pelo café.

As expedições eram compostas por um sem-número de pessoas guiadas pelos bugres, que dominavam os caminhos mata adentro. "A largura do leito, quando ela não é naturalmente proporcionada pela Natureza [...] livres de vegetação obstrutiva, limita-se ao estrito necessário: tropas e pedestres têm de marchar em fila indiana [...]" (Prado, 1994, p.256).

Segundo descreve Capistrano de Abreu (1988, p.142-3): "Se encontravam algum rio e prestava para a navegação, improvisavam canoas ligeiras, fáceis de varar nos saltos, aliviar nos baixios ou conduzir à sirga. [...] seguiam córregos e riachos, passando de uma para outra banda conforme lhes convinha, e ainda hoje lembram as denominações de Passa-Dois, Passa-Dez, Passa-Vinte, Passa-Trinta; balizavam-se pelas alturas, em busca de gargantas, evitavam naturalmente as matas, e de preferência caminhavam pelos espigões".

As expedições passavam por privações nas longas jornadas, que muitas vezes duravam anos. Da farinha de mandioca faziam uma papa ou pirão misturado com toucinho. O sal, além de raro e caro, era produto importado de Portugal. O toucinho, conservado em uma crosta de sal, era raspado e frequentemente usado no preparo da comida. O açúcar, a farinha de trigo e o arroz, artigos de difícil transporte, eram pouco empregados na preparação dos alimentos. Contudo, a rapadura era alimento indispensável, sendo consumida aos pedaços ou derretida para ser comida com mandioca cozida.

As Bandeiras foram fixando novos núcleos nos arredores da Vila de Pirati-

ninga, assegurando o abastecimento da população do planalto.

A divulgação do descobrimento das jazidas de ouro atraiu uma multidão de pessoas para as minas das Gerais e despovoou a vila, ocorrendo o abandono da agricultura. Essa só foi restabelecida no início do século XVIII, com o predomínio da cultura da cana-de-açúcar.

Esse afluxo populacional foi desastroso para o abastecimento da região das Minas, acarretando o esgotamento de alimentos de primeira necessidade e a majoração nos preços das mercadorias, como aconteceu com a farinha de mandioca.

O jesuíta Antonil (1982, p.169), em seu tratado de 1711, acompanhou a vida econômica do Brasil e observou que as terras em direção às Gerais eram improdutivas: "Sendo a terra que dá ouro esteríssima de tudo o que se há mister para a vida humana, e não menos estéril a maior parte dos caminhos das minas, não se pode crer o que padeceram ao princípio os mineiros por falta de mantimentos, achando-se não poucos mortos com uma espiga de milho na mão, sem terem outro sustento".

Esse fato foi confirmado por Laura de Mello e Souza (2004, p.43) no relato em que narra a privação de alimentos dos mineiros que lançavam mão dos "[...] mais imundos animais, e faltando-lhes estes para poderem alimentar a vida, largaram as minas e fugiram para os matos com seus escravos e sustentaram-se das frutas agrestes que neles achavam".

*bandeirante no Sul foi a paçoca, que se julga
privativa das gentes do Norte [...].
A carne obtinha-se na caçada. A paçoca
nascia, indispensável e completa. Resolvia o
duplo imperativo de comer sem deter-se
e possuir os hidratos de carbono e a proteína
animal, em estado útil.*

Luís da Câmara Cascudo,
História da alimentação no Brasil

4

FAZERES E SABORES

Os nativos que habitavam o planalto de Piratininga eram nômades, coletavam alimentos silvestres, como pinhão, palmito, jenipapo, sapoti e cambuci; e caçavam animais e aves. O mel era excelente néctar para matar a fome, quando não encontravam nada pelo caminho. Os alimentos básicos eram: feijão, milho, mandioca, batata-doce, abóbora, cará e cumari, além de amendoim, taioba e cambuquira. Os indígenas utilizavam as cinzas do curuá para condimentar a comida. Coletavam também o urucum (corante para o corpo), o algodão e o tabaco.

O milho, largamente empregado na alimentação, era utilizado de diversas maneiras: antes de as espigas secarem, era consumido assado, cozido ou ralado para o preparo de pamonha e curau. Também era debulhado, e seus grãos, colocados em água para fermentar. Posteriormente, eram pilados no monjolo movido a água, e a massa resultante era peneirada e torrada para fazer a farinha ou o fubá (abatiuí).

Houve grande migração de todas as regiões do país para as Minas Gerais, incluindo boa parte da mão de obra negra dos canaviais do Norte e do Nordeste. Os escravos negros incorporaram os fazeres e sabores dos indígenas paulistas, destacando o fubá, a jacuba e o angu, que, segundo Auguste de Saint-Hilaire (1975, p.107): "É fazendo cozer o fubá na água, sem acrescentar sal, que se faz essa espécie de polenta grosseira que se chama [...] angu e constitui o principal alimento dos escravos [...]".

Outra saborosa herança indígena é a paçoca, uma mistura de amendoim e farinha de milho socada no pilão.

A população supria as necessidades proteicas consumindo peixes de rio e animais como caititu, veado, preguiça, tamanduá, queixada, capivara, tatu, anta, paca, cutia, gambá, macaco, cobras e lagartos, além do bicho-de-pau-podre e toda sorte de aves. Conservavam as carnes de caça secando-as ao sol.

Os métodos de caça eram variados: utilizavam o fogo para atrair os animais e o laço para capturá-los. Ovos de pássaros, larvas de borboletas, gafanhotos, popas assadas de içás (tanajuras) também eram apetitosas iguarias. Entre as várias técnicas de pesca, uma das mais eficazes consistia no uso de venenos vegetais, como o timbó, que matava os peixes por asfixia. Também pescavam nas margens dos rios, utilizando o arco e a flecha – algumas delas feitas com ponta de osso – e a pindaíba como vara de pescar. Comiam, em geral, peixe fresco enrolado em folhas de bananeira, assado no moquém ou cozido.

A mandioca-brava ou amarga, após a eliminação do ácido cianídrico, era empregada no preparo da farinha. Raspada e ralada a raiz, espremia-se a polpa no tipiti (prensa empregada para extrair o sumo que contém a substância venenosa). Após a massa ser prensada, era torrada lentamente em forno feito de barro sobre uma chapa circular de pedra porosa, pré-aquecida. Durante o processo, a farinha era mexida com rodos de madeira presos a um cabo. Já a mandioca-doce (aipim ou macaxeira) era assada diretamente na brasa.

Dos fazeres indígenas, os portugueses e mamelucos adotaram seus instrumentos feitos de madeira: bastões de lavrar, pilões de pau para a pisa. Também utilizavam pedras para ralar e para confeccionar machados e cortadeiras.

Fabricavam muitos de seus utensílios domésticos em barro, como as igaçabas (potes), usadas para acondicionar água, cauim e farináceos. As panelas e alguidares eram utilizados para cozinhar e como recipientes para servir a comida. Faziam uso de peneiras, tipitis, cestos de vara, balaios de folhas de palma, esteiras, abanadores de fogo, tudo confeccionado em palha. Mexiam as panelas com colher de pau, comiam e bebiam em cuias de cabaça.

Os bandeirantes adotaram dos índios o jirau (na língua tupi, *yu'ra*), armação de madeira ou metal apoiada sobre quatro pés e colocada sobre uma

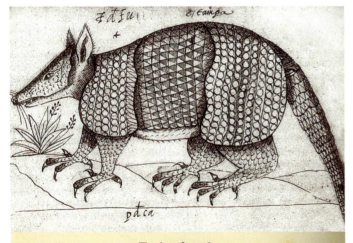

Frei Cristovão de Lisboa, *Tatu*, s/d. Abaixo: fac-simile de *Nova Cozinha Universal*, 1901.

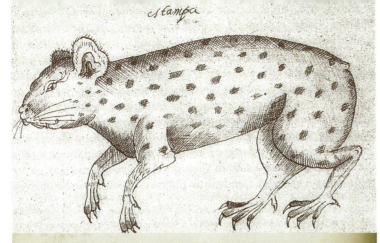

Paca guisada com gariroba (palmito de coqueiro).

Ferve-se o palmito amargoso de coqueiro, tira-se do fogo, corta-se-o em pedaços pequenos, e põem-se com uma paca cortada em pedaços, em agua, sal, salsa, folhas de cebola e raiz de aipo; estando cozidos, tiram-se o palmito e a carne; Á parte frige-se a carne de um e outro lado em trez colheres de gordura, apolvilha-se-a depois com uma colher de farinha de trigo ajuntam-se uma cebola picada e uma chicara de vinho branco.

Colloca-se o palmito sobre o prato e põem-se os pedaços de paca por cima; deita-se-lhes o môlho e serve-se.

Frei Cristovão de Lisboa, *Paca*, s/d. Abaixo, fac-símile de *Nova Cozinha Universal*, 1901.

fogueira. Servia para moquear peixes, caças e pássaros. Deixavam o alimento assando lentamente por mais de um dia e depois era transformado em farinha e estocado. Mais tarde, o jirau entrou na composição da cozinha paulista, colocado sobre o fogão a lenha como fumeiro de carne, toucinho e peixe.

Os nativos preparavam o alimento sob a terra: faziam uma cova e colocavam a carne de caça ou de peixe envolta em folha de bananeira, cobriam-na com terra e acendiam uma fogueira por cima.

Já os desbravadores cozinhavam pelos caminhos, improvisando um fogareiro com três cupinzeiros abandonados, a tacuruba ou o tucuruva (do tupi, *itaku'ruba*), ou montavam um tripé com três pedras em forma de triângulo, onde assentavam o caldeirão. Outra forma de preparar os alimentos era na trempe, um tripé de varas de madeira verde com uma corrente de ferro e um gancho na ponta para pendurar o caldeirão de ferro.

Os paulistas bebiam gengibirra, uma mistura de milho socado, gengibre, açúcar mascavo e água, em infusão por alguns dias. Nas bruacas de couro, carregavam cachaça, bebida consumida nos pousos, no fim da tarde.

Foram os indígenas, segundo Sérgio Buarque de Holanda, os principais formadores da cultura paulista, revelando seus usos e costumes aos portugueses. Apesar do clima temperado do Planalto, a cultura do trigo foi superada pela "civilização do milho", recorrendo às técnicas agrícolas indígenas.

Nos povoados, os colonos empregavam mão de obra feminina indígena, que inspirou os fazeres e sabores da cozinha paulista, com suas técnicas de plantar, cozinhar e fabricar utensílios domésticos.

"Os jesuítas chamam à gente de São Paulo mamalucos, isto é, filhos de cunhãs índias, denominação evidentemente exata, pois mulheres brancas não chegavam para aquelas brenhas" (Abreu, 1988, p.143).

Os portugueses paulistas se adaptaram à alimentação nativa com mais facilidade do que aqueles que ocuparam a faixa litorânea, pois o cruzamento do português com as cunhãs facilitou a mestiçagem cultural e possibilitou a sobrevivência nesse pequeno núcleo, tão hostil e isolado de tudo e de todos. Mas os portugueses nos presentearam com o cuscuz preparado com bagre ou lambari, farinha de milho e de mandioca; nos dias de festa, suprimiam o peixe e incluíam a carne de frango. Ernani Silva Bruno (1954, p.254) diz que "o milho superou a mandioca, o feijão passou a se firmar como o prato caracteristicamente regional [...]".

Segundo o historiador Luís da Câmara Cascudo (1983b, p.780), em *História da alimentação no Brasil*: "O mantimento histórico no movimento bandeirante no Sul foi a paçoca, que se julga privativa das gentes do Norte. [...] A carne obtinha-se na caçada. A paçoca nascia, indispensável e completa. Resolvia o duplo imperativo de comer sem deter-se e possuir os hidratos de carbono e a proteína animal, em estado útil".

...ao sertão longínquo, a necessidade de transportar mercadorias e de resguardá-las durante as viagens, vão, aos poucos, fixando o perfil da canoa usada nas monções [...]

Sérgio Buarque de Holanda, *Monções*

5 Monções e tropeiros

Em 1719, a bandeira de Pascoal Moreira Cabral subiu o rio Cuiabá à caça de índios e encontrou ouro nas margens do rio Coxipó-Mirim. Em 1725, a bandeira de Bartolomeu Bueno da Silva, incentivada pelo governo da Capitania de São Paulo, seguiu em direção a Goiás em busca do metal precioso.

O rio Tietê foi um fator importante nas expedições fluviais para a interiorização do Brasil. O historiador João Vampré destaca-o como essencial para a vida dos exploradores e como fonte de abastecimento para a província de São Paulo e as regiões ribeirinhas. Partindo de Araritaguaba (atual Porto Feliz) em direção ao Centro-Oeste, esses desbravadores deparavam pelo caminho com uma série de obstáculos e riscos, como ataques de tribos indígenas e penúria alimentar. Mesmo lançando mão da caça e da pesca como complemento, muitas vezes não conseguiam abastecer toda a expedição. A dieta alimentar das monções

José Ferraz de Almeida Júnior,
A partida da monção (estudo).
Óleo sobre tela, 1897.

era composta, principalmente, de feijão, farinha de milho ou de mandioca e toucinho.

As vilas e arraiais foram se formando ao longo do Tietê e abasteciam as expedições. Os armazéns de secos e molhados não só forneciam gêneros alimentícios de subsistência, como também supriam as tropas com carne de porco e de frango, farinha de mandioca e aguardente.

O Conde de Azambuja, D. Antonio Rolim, vice-governador de Mato Grosso, ao retornar a Cuiabá, em 1751, foi obrigado a permanecer em Porto Feliz por falta de alimentos para a tropa. Teve de esperar o crescimento do milho e do feijão para continuar viagem. Sobre a alimentação, o Conde de Azambuja relata: "[...] durante a viagem se costuma cozinhar à noite o que há de comer no outro dia e porque se não pode acender o fogo ao jantar, se come frio o feijão cozinhado da véspera" (apud Taunay, 1981, p.198-9).

Ainda em 1826, a farinha de trigo era pouco utilizada, como observou o pintor e fotógrafo francês Hercules Florence (1977, p.34) em sua estada em Porto Feliz: "Não comem pão, em seu lugar usam farinha de milho ou de mandioca que sabem preparar com perícia, alva como leite, e muito boa ao paladar".

O uso de animais de carga como meio de transporte foi intensificado a partir do século XVIII. Os tropeiros serviam-se deles para transportar mantimentos para todas as regiões do Brasil e para levar o ouro até os portos de Parati e do Rio de Janeiro, com destino à Coroa portuguesa.

A feira de Sorocaba, criada em 1750, tornou-se o centro de comércio de muares: "Pela primeira vez no Brasil apareceu intenso comércio interno de artigos de subsistência; a circulação dos gêneros obrigou a abertura de vias de penetração no sertão, a criação de um sistema de transportes, baseado no muar" (Zemella, 1990, p.63).

Com o aumento das tropas, as vilas foram se desenvolvendo com o comércio de mercadorias. O escoamento do açúcar produzido no interior de São Paulo propiciou a formação de ranchos de repouso de tropeiros pelos caminhos onde pernoitavam e guardavam seus animais.

Nesses pousos, descarregavam o tripé de ferro, que era fincado no chão com o caldeirão suspenso em uma corrente para cozinhar feijão com toucinho. O feijão-tropeiro é o prato mais representativo dessas jornadas, composto de feijão cozido (sem caldo) refogado em gordura de porco e misturado com farinha de mandioca e ovos. Do feijão também faziam o virado à paulista ou o tutu à mineira, preparados com feijão cozido e amassado, engrossado com farinha de milho ou de mandioca, servidos com costelinha de porco ou linguiça, torresmo, arroz e couve refogada.

As carnes de porco e de frango eram muito apreciadas. Aproveitava-se tudo do porco: orelhas, pés, rabo, que eram salgados para melhor conservação. As

Jean-Baptiste Debret,
Negociantes paulistas de cavalos, s.d.

outras partes eram cozidas e conservadas em sua própria banha. O toucinho e a linguiça eram defumados sobre o fogão a lenha.

No Rio Grande do Sul, os tropeiros utilizavam a mandioca e seus derivados, que eram consumidos com charque. Dessalgavam e fritavam a carne e a socavam no pilão com farinha de mandioca, dando origem à paçoca de carne-seca. Os gêneros alimentícios duráveis, como as farinhas de mandioca e de milho, fubá, feijão e carne-seca, eram fáceis de transportar e compunham a dieta dos tropeiros, que utilizavam a farinha de milho e o fubá no preparo do virado de feijão e do angu, parte substancial de sua alimentação.

Para Sérgio Buarque de Holanda (1975, p.158), o tropeiro foi "o sucessor direto do sertanista e o precursor, em muitos pontos, do grande fazendeiro".

*torresmo, viradinho de milho-verde [...].
A refeição salgada é encerrada com um
bom caldo de couve ou "serralha", de palmito
ou "cambuquira". Para a sobremesa
basta o arroz-doce, o melado com cará,
a canjica, o "curau", o milho-verde cozido
ou assado; o doce de abóbora, de batata,
de goiaba, de marmelo, ou o indefectível
doce de cidra, furrundu, além dos variados
doces de ovos e leite.*

Cornélio Pires, *Conversas ao pé do fogo*

6 COZINHA CAIPIRA

Os nativos foram de fundamental importância para a sobrevivência dos colonizadores, guiando-os pelas terras inóspitas do sertão e auxiliando-os a superar toda sorte de dificuldades. Os colonos assimilaram a essência da cultura indígena, expressa em suas práticas alimentares, seus hábitos e costumes.

A cozinha paulista, também conhecida como "cozinha caipira", sempre foi bastante simples, mas saborosa. Sua marca inconfundível na história foi deixada pela tradição bandeirista, na qual coexistem as influências indígena e portuguesa.

Segundo Antonio Candido (2001, p.47-8): "[...] a vida social do caipira assimilou e conservou os elementos condicionados pelas suas origens nômades. A combinação dos traços culturais indígenas e portugueses obedeceu ao ritmo nômade do bandeirante e do povoador, conservando

José Ferraz de Almeida Júnior, *Cozinha caipira*, 1895.

as características de uma economia largamente permeada pelas práticas de presa e coleta, cuja estrutura instável dependia da mobilidade dos indivíduos e dos grupos. Por isso, na habitação, na dieta, no caráter do caipira, gravou-se para sempre o provisório da aventura".

Os fazeres e sabores da cozinha caipira foram, de fato, um prolongamento da cultura bandeirista. Dos indígenas, o caipira herdou seus utensílios, suas plantas comestíveis e seu hábito de pescar e caçar. Com os portugueses, aprendeu os ensinamentos de como fazer hortas e pomares e de como criar animais domésticos; além disso, deles assimilou as técnicas e os utensílios culinários, como tachos, sertãs de cobre e de ferro, chocolateiras e copos e pratos de estanho.

O caipira de vida pacata, chamado de Jeca Tatu por Monteiro Lobato (1959, p.284-5), plantava suas roças para se abastecer: "Da terra só quer a mandioca, o milho e a cana. A primeira, por ser um pão já amassado pela natureza. Basta arrancar uma raiz e deitá-la nas brasas. Não impõe colheita, nem exige celeiro. O plantio se faz com um palmo de rama fincada em qualquer chão. [...] Outro precioso auxiliar da calaçaria é a cana. Dá rapadura, e para Jeca, simplificador da vida, dá garapa. [...] E assim como ao lado do restolho cresce o bom pé de milho [...]".

Além disso, mantinham-se pequenas criações de galinhas e porcos no fundo do quintal. "Não havia negócios; cada um consumia o seu produto e nos anos fartos sobrava mantimento, que 'não tinha preço'" (Candido, 2001, p.49).

Em dia de matança do porco, fazia-se festa nessas localidades: toda a família e a vizinhança participavam do evento. O couro era retirado para o torresmo, e a banha derretida, utilizada para o preparo da comida. As partes mais nobres eram cozidas e conservadas na própria banha, depois acondicionadas em grandes latões de folha de flandres. As tripas eram empregadas na preparação da linguiça e os miúdos – rabo, orelhas, focinho – também eram aproveitados e conservados de duas maneiras: salgados ou defumados no jirau, sobre o fogão a lenha.

A carne de frango era bastante apreciada: à moda caipira, cozida lentamente, servida com quiabo ou angu, ao molho pardo e, aos domingos, recheada com farofa.

Em uma viagem para Rio Preto, o mineiro Pedro Nava (2004, p.92-3) não deixou de degustar o frango ao molho pardo paulista, conhecido no Nordeste como galinha de cabidela, um guisado preparado com o sangue da ave, misturado com vinagre. Em sua narrativa, de dar água na boca, o autor nos revela a receita: "Todos beberam como preparando as vias para novo embate e atiraram-se ao molho pardo e à polenta servidos em pratos de sopa. [...] A galinha desfazia-se num caldo dum marrom suntuoso – tão grosso, tão macio, tão escorregadio, tão fácil como se cada um estivesse enchendo a boca, mastigando, engolindo veludo em estado pastoso. Estava esquecido, sentia-se o arranhão da pimenta-do-reino, certo exagero de sal e certo cheiro de especiarias da química do Guady que urgiam e impacientavam pelo vinho – tomado em pequenos goles entre cada duas, três garfadas e descendo, no princípio, de mistura com as fibras da ave e o molho do sangue redivivo pelo vinagre: depois, puro e levando num abre-alas para os próximos nacos".

O desenhista e viajante francês Hercule Florence (2007, p.14-15), que chegou ao Brasil acompanhando a missão do barão de Langsdorff, nos idos de 1825, notou, em viagens feitas pelo interior, que os paulistas eram "Hospitaleiros, francos e amigos dos estrangeiros, são em extremo sóbrios, bebem muito pouco vinho, e mantêm mesa simples, mas agradável […]. O viajante sabe que em qualquer parte em que houver um morador, há de ser por ele acolhido e tratado, não tendo mais do que apresentar-se à sua porta".

Florence não deixou de mencionar o ritmo de uma refeição paulista. "As principais comidas são frango, leitão assado ou cozido e ervas, tudo porém acepipado com um condimento que excite o apetite" (ibidem, p.14).

Apesar da preferência pela carne de porco e de frango, os paulistas não dispensavam o feijão com arroz polvilhado com farinha de mandioca ou de milho.

Na colheita da abóbora, preparava-se o quibebe e se utilizava a cambuquira adicionada à sopa de milho verde.

Os doces eram preparados na época da colheita das frutas. No tempo da goiaba, tachadas eram feitas e guardadas para o ano todo em caixetas de madeira. Esse mesmo método era empregado com todas as frutas da estação, como o marmelo, o pêssego ou o figo. Em dias festivos, ofereciam-se, entre outras iguarias, arroz-doce, manjar-branco e rabanada.

Pilão de madeira: peça usada para descascar ou triturar milho, café e arroz.

*começa a recuperar as forças exauridas
em dois séculos de aventuras, e inaugura,
na base mais estável da agricultura,
um período de expansão e prosperidade [...].*

Caio Prado Jr.,
Formação do Brasil contemporâneo

7 ENGENHOS E CAFEZAIS

As terras paulistas, segundo Caio Prado Jr. (1994, p.134), "estagnadas" durante o período da extração dos minérios nas Minas Gerais e no Centro-Oeste, inauguraram um novo tempo a partir do final do século XVIII. A economia agrária tomou impulso com a lavoura canavieira e, posteriormente, com a cultura do café.

Os canaviais avançaram pelas regiões de Itu, Jundiaí, Sorocaba, Mogi-Guaçu, Piracicaba e Campinas.

A vinda da família real para o Brasil em 1808, com a decorrente abertura dos portos decretada por D. João VI, estimulou ainda mais a expansão dos engenhos e a exportação de açúcar para o mercado externo.

Na região de Itu, há um registro de propriedade em nome de Elias Antônio Pacheco da Silva, descendente de Borba Gato, próspero agricultor, nomeado capitão de ordenanças por ordem do rei D. José, por carta patente de 6 de maio

Benedito Calixto,
Fazenda do Pinhal, São Carlos (SP), 1900.

de 1770 e mais tarde elevado ao posto de sargento-mor. Em escritura lavrada em 1776, tornou-se proprietário do Engenho Grande, produtor de aguardente e açúcar, que, no início do século XIX, fabricava 25% da sacarose do total de todo o estado (conforme entrevista feita com Maria Carolina Guimarães, descendente de Elias Antônio Pacheo da Silva).

A casa-sede, tombada pelo Instituto do Patrimônio Histórico e Artístico Nacional (Iphan), é um exemplo típico do ciclo das Bandeiras. Na frente da construção fica o alpendre (ou pretória, como era chamado), ladeado pelo quarto de hóspedes à esquerda e pela sala de visitas à direita. Há ainda um oratório que servia de capela.

O alpendre dá passagem a um grande cômodo central, que servia de sala de estar e de jantar e era também o local onde se desenrolava a vida cotidiana familiar. A sinhá sentava em uma marquesa de palhinha, vestida com uma espécie de camisolão solto, de cambraia de linho, rodeada de crianças e de mucamas ocupadas com seus trabalhos manuais, como costura, bordado, tear; abanada pelas escravas, ela não dispensava um cafuné.

Estatísticas da época registraram 458 engenhos e 601 alambiques no estado de São Paulo, contando com os pequenos e médios fazendeiros na produção do melado e do açúcar mascavo e na fabricação de aguardente. As safras alcançaram em média 150 arrobas em 1803 e chegaram a 4.200, no ano de 1818.

Por volta de 1760, a cultura cafeeira expandiu-se pelo Vale do Paraíba fluminense, estendendo-se para os municípios de Areias, Bananal, Guaratinguetá, Lorena e Taubaté.

O cultivo do café despontou na província paulista nos anos de 1760, segundo a historiadora Ana Luiza Martins (2007, p.62): "[...] seu plantio foi complementar às roças de feijão, arroz, farinha de mandioca, milho, açúcar, e à produção de aguardente e à criação de porcos".

Abonados mineradores, tropeiros e comerciantes, entusiasmados com o novo investimento, adquiriram terras, abriram veredas nas densas matas e formaram extensas fazendas de café. "Essa onda verde dos cafezais que invadia o

Guilherme Gaensly, *Lavoura de café*, Araraquara (SP), 1901-1910.

Colonos imigrantes trabalhando no terreiro do café. Ao fundo, casa de colonos e tulha. Araraquara (SP), década de 1920.

Na página seguinte, Victor Frond, *Partida para a roça*, 1859.

vale e alcançava o Centro e o Médio Oeste era acompanhada da onda negra da escravidão" (Costa, 1966, p.58).

Com a carência de braços para o trabalho na terra, os escravos negros, vindos das regiões mineradoras e dos latifúndios açucareiros do Norte e do Nordeste, exigiam um alto investimento.

O afluxo de cativos da África foi intenso após o avanço da cafeicultura em direção ao Oeste paulista. As fazendas necessitavam de muitos braços nas atividades agrícolas, na produção de víveres, no trabalho artesanal e caseiro. Aos escravos cabiam todos os serviços domésticos: limpar, passar, lavar, transportar água (uma vez que não havia água encanada), cozinhar e "preparar os pratos 'ligeiros' que acompanhariam aqueles vindos da cozinha de fora" (Lemos, 1999, p.187-8).

Em oposição ao austero fazendeiro da época da cana-de-açúcar, o que determinava a riqueza de um barão de café era o número de escravos que possuía.

As construções bandeiristas de taipa de pilão "foram substituídas 'pelo mais recente gosto europeu: o café e o neoclássico'" (ibidem, p.134). A elite paulista endinheirada adotou, tanto na zona rural como na capital da província, a arquitetura neoclássica, em voga na Europa e no Rio de Janeiro, então a capital do Império.

Porém, nos primeiros anos do século XIX, as sedes das fazendas na região do Vale do Paraíba não ostentavam nenhum luxo em sua decoração, no serviço à mesa, nas louças e nos talheres e nos hábitos das donas de casa.

"Quanta fazendeira rica não ficava de chinelas perambulando pelos casarões enormes [...] sendo aquele o seu mundo, a sua civilização, o seu reino de fogões fumarentos, de despensas repletas de 'quitandas' e de caixas de marmeladas, pessegadas e bananadas" (Lemos, 1976, p.104).

A cultura do café introduziu o fogão a lenha, em detrimento do rústico fogão de chão, herança indígena do fogo de tucuruva.

As sinhás preservaram muitos dos utensílios da cozinha indígena, como

as peneiras de taquara, cestos, gamelas e colheres de pau. As panelas de barro foram substituídas por tachos e caldeirões de cobre ou ferro, e as cuias, pelos pratos de estanho ou ágata. Também introduziram o almofariz para triturar ervas e o pilão para socar farinha, cafré e arroz.

Ao se referir ao conservadorismo dos hábitos paulistas, Ina Von Binzer (apud Franco, 1997, p.221) se detém na manutenção da velha tradição: "No equipamento doméstico nota-se também a preservação de elementos da velha cultura e, mesmo em fazendas prósperas, muito do despojamento primitivo foi conservado".

As sedes das fazendas eram edificadas próximas a um rio ou córrego, devido à importância da água corrente, necessária para tocar a roda d'água e o monjolo e para lavar os grãos de café.

Junto à casa principal ficava o terreiro, onde se secava o café, bem como a tulha, a horta, o pomar, o quintal e o curral, a casa de farinha, que abrigava a roda de ralar mandioca, o engenho de açúcar e o alambique.

A senzala ficava disposta em quadra, em geral em torno do terreiro, à vista dos patrões, que mantinham os escravos sob controle para evitar fugas. O cronista e viajante Emilio Zaluar relata que, em muitas fazendas, construíam-se casinhas cobertas de sapé, destinadas aos escravos casados.

Quanto ao regime alimentar dos escravos, era parco e de má qualidade, com carência de proteína animal.

Resumia-se a um prato de angu de milho, feijão com toucinho e melado. A carne de porco não era frequente na ração diária; na verdade, era oferecida somente aos domingos. A jornada dos escravos era dura. Já antes de o sol nascer, por volta das cinco da manhã, o feitor tocava o sino. Nesse momento, homens, mulheres, jovens, crianças e velhos pegavam suas enxadas e recebiam café adoçado com rapadura e angu de fubá. Eles costumavam almoçar às dez horas e a uma da tarde faziam uma pausa para o café com rapadura, quando então devoravam o restante do angu do almoço; havia os que tomavam um copinho da cachaça produzida na fazenda. Às quatro da tarde, era servido o jantar, e a labuta continuava até o anoitecer.

Na fazenda do barão de Almeida Lima, em Capivari, no ano de 1862, Veiga de Castro (1944, p.43) descreve a alimentação escrava: "Os negros eram alimentados sobretudo de feijão e milho, este sob forma de angu ou canjica. O arroz [,] não sendo ainda cultura vulgar, escasseava mesmo na mesa dos brancos; e não era barato [...]. A comida era servida em gamelas de madeira, de onde em volta oito ou dez escravos a iam comendo com colher de pau [...]. Nos dias de grande calor ia à roça um barril de refresco de laranja ou de garapa para dessedentar".

Como a carne era raramente distribuída, muitas vezes, para completar a refeição, os escravos caçavam animais silvestres e plantavam hortas para seu abastecimento.

A região do Vale do Paraíba ainda hoje mantém a tradição da mesa farta e das especialidades culinárias dos velhos tempos: a paçoca de carne de panela ou de carne-seca, o afogado, a canjiquinha com costelinha de porco, a leitoa pururuca, o pernil, a galinha ao molho pardo, a içá torrada, o arroz com suã, o cozido ou a panelada de carne de porco e de vaca com abóbora e batata, acompanhada de pirão de farinha de mandioca.

O rio Paraíba oferece uma variedade de peixes consumidos em geral na Quaresma. Bons exemplos de preparo são o peixe frito ou ensopado e o tradicional bolinho caipira, cuja massa é composta de milho, recheado com peixe. Nas festas juninas é usual recheá-los com carne moída.

As quitandas e a doçaria popular de antigas receitas familiares, transmitidas oralmente, foram mantidas e ainda estimulam os paladares mais exigentes. São doces caseiros, de muita simplicidade e originalidade, como o furrundum (cidra e mamão ralados, adoçados com rapadura), o pão de ló, a paçoca de amendoim, doces em calda, brevidades, rosquinhas, o mamão em pedaços, a broinha, o pudim e a taiada (composta de melado de cana, farinha de mandioca e gengibre ralado), que tem o mesmo formato da rapadura.

O que perdura até o presente é o café de garapa, coado com caldo de cana, uma herança colonial.

Victor Frond, *O almoço na roça*, 1859 (fragmento).

*Os caminhões rodando,
as carroças rodando,
rápidas as ruas se desenrolando,
rumor surdo e rouco,
estrépitos, estalidos...
E o largo coro de ouro
das sacas de café!*

Mário de Andrade, Paisagem n.4

8 De província a metrópole

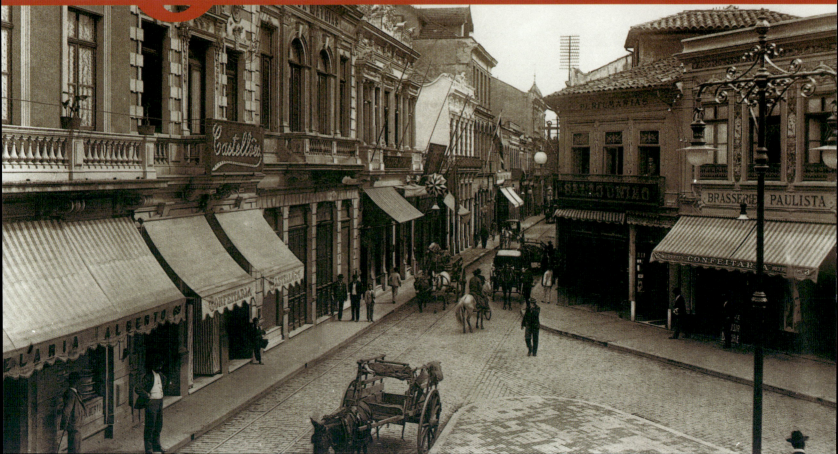

As terras do Vale do Paraíba começaram a apresentar sinais de esgotamento: castigadas pelas queimadas, foram sofrendo erosões no solo e entraram em decadência, como aponta Monteiro Lobato (2003, p.21): "A quem em nossa terra percorre tais e tais zonas, vivas outrora, hoje mortas, ou em via disso, tolhidas de insanável caquexia, uma verdade, que é um desconsolo, ressurte de tantas ruínas: nosso progresso é nômade e sujeito a paralisias súbitas. [...] Progresso de cigano, vive acampado. Emigra, deixando atrás de si um rastilho de taperas".

Entre 1830 e 1835, a cultura cafeeira expande-se em direção à região de Campinas, substituindo a cana-de-açúcar, e difunde-se para a região de Ribeirão Preto por volta de 1880. O café do Vale do Paraíba não havia proporcionado crescimento econômico significativo à vila de São Paulo, pois as safras transportadas em lombos de muares, além de representarem alto custo, eram direcionadas aos portos do Rio de

Guilherme Gaensly,
O largo do Rosário, 1900.

Janeiro e de Parati, sem dar lucro suficiente aos fazendeiros paulistas.

Mesmo com todo o movimento provocado pelo comércio do café, o cotidiano da cidade de São Paulo até o século XIX ficou restrito ao Triângulo, em uma cidade pachorrenta e sem grandes atrativos.

O avanço da cultura cafeeira para o Oeste paulista permitiu o enriquecimento dos barões do café e, como consequência, proporcionou a modernização de São Paulo.

A cidade entrou em ebulição no fim da década de 1860 com a produção extensiva do café e a criação, em 1867, da primeira estrada de ferro, a São Paulo Railway, ligando Santos a Jundiaí.

A pujança econômica também atingiu outros centros urbanos, como relata o historiador Amaral Lapa (1996, p.23), ao comentar o desenvolvimento de Campinas: "Aos lucros gerados pelo café e à nova camada dominante que se configurou neste contexto outros ritmos somaram-se ao cotidiano da cidade, com a diversificação do quadro ocupacional, a transformação lenta das relações de trabalho e a agilização dos deslocamentos através das estradas de ferro. Na medida em que a escravidão convivia com as modificações urbanas e econômicas, as posturas municipais procuraram regrar esse convívio cativo em meio ao mundo livre, restringindo os ajuntamentos e os jogos nas praças, aguadas e subúrbios".

Em 1875, foram inauguradas a Companhia Mogiana e a Sorocabana; dois anos mais tarde, o Governo Imperial concluiu a estrada de ferro que ligava São Paulo ao Rio de Janeiro, propiciando, ao longo das ferrovias, o nascimento de vilas e entrepostos comerciais.

Com o advento das ferrovias, os barões do café e suas famílias mudaram-se para a metrópole, onde realizavam suas atividades como os negócios do café destinado à exportação e o comércio de escravos.

Maria Paes de Barros (1999, p.112) revela: "A maioria das famílias abastadas de São Paulo possuía fazendas no interior. Na lavoura, principalmente na de café, tinham adquirido suas fortunas. Era, portanto, hábito quase geral irem os paulistanos, todos os anos, passar alguns meses em suas terras. Fugiam do áspero e úmido inverno, procurando novos ares, aproveitando ao mesmo tempo a

Fotógrafo desconhecido, Rua XV de Novembro, 1910-1912.

Aurélio Becherini. Esquina da Rua Santa Thereza com Capitão Salomão, c. 1910.

oportunidade para acompanhar a gerência dos administradores, nesse tempo homens rudes e de pouca cultura, que necessitavam de orientação".

Todos esses eventos foram a mola propulsora para o aumento das exportações para o mercado internacional, proporcionando um crescimento econômico significativo e dando nova feição à cidade.

O jardim da Luz foi inaugurado em 1825 e, dois anos depois, fundaram a Academia de Direito no largo de São Francisco. Os estudantes de Direito, oriundos de várias províncias do Brasil, eram frequentadores habituais das casas de pasto e dos cafés. Um dos primeiros cafés foi o de Maria Punga.

"Seu café era famoso. Ela mesma torrava e socava no pilão. Mas no coar é que estava o busílis. Quem chegava à porta interna e espiava para a cozinha, via a chaleira no fogo e coador na boca do bule. [...] Muitos tomavam-no com quitandas. Eram bolos de fubá, broinhas de polvilho, bolinhos de tapioca cheirando a erva-doce" (Schmidt, 2003, p.113).

A São Paulo das Arcadas continuava com a mesma paisagem, um misto entre o urbano e o rural, segundo Sérgio Buarque de Holanda (1975, p.64): "A içá torrada urbanizou-se, ainda no século XIX, eram apregoadas [...] no centro da cidade pelas pretas de quitanda, ao lado das comidas tradicionais: biscoito de polvilho, pés de moleque, furrundum de cidra, cuscuz de bagre ou camarão, pinhão quente, batata assada ao forno, cará cozido [...]".

No Triângulo, coração da metrópole, era onde tudo acontecia. Conviviam, em meio às ruas movimentadas pelos estudantes de Direito, muitos comerciantes, funcionários públicos, negras e negros de tabuleiro, expondo e vendendo todo tipo de comidas prontas, vegetais, peixes e carnes.

Na década de 1860, "[...] as ruas, alamedas e praças da cidade, todas as suas áreas de circulação e reunião pública, estavam de posse dos escravos (que constituíam mais de um quarto da população) e de homens livres humildes: tropeiros, vendeiros, lavradores. As famílias patriarcais viviam retiradas em seus sobrados" (Morse, 1970, p.62).

Paul Singer (1968, p.36) acredita que "a vinda dos fazendeiros explica, em parte, o aumento demográfico da cidade entre 1872 e 1886. Novos bairros residenciais se abrem para os lados da avenida Liberdade e em direção a Santo Amaro. Chácaras são loteadas e novas áreas urbanizadas nos Campos Elíseos e em Higienópolis", onde se instalaram os fazendeiros enriquecidos.

A expansão da cidade para a zona periférica foi inevitável, com a ocupação das chácaras que a circundavam. As classes menos abastadas foram expulsas para as baixadas úmidas, próximas ao rio Tietê e ao Tamanduateí.

Em 1872, os lampiões a querosene foram substituídos pelo sistema de iluminação pública a gás. Nesse mesmo ano, foi inaugurada a primeira linha de bonde por tração animal, ligando o Largo do Carmo à Estação da Luz. Em 1877, implantaram-se os serviços de esgoto e de abastecimento de água na cidade. Além disso, construíram mais linhas de bonde por tração animal.

Em 1886, o sistema de trem a vapor ligou o bairro da Liberdade ao de Santo Amaro, facilitando o abastecimento de gêneros alimentícios provenientes dos sítios das redondezas.

"O café foi um verdadeiro divisor de águas na vida cultural em geral e na civilização material em particular de São Paulo. [...] Antes a colônia pobre e caipira; depois, a província riquíssima" (Lemos, 1999, p.134).

O centro histórico recebeu remodelações, com a substituição das casas de taipa pelos edifícios comerciais – edificaram lojas, armazéns, casas de pasto, cafés e confeitarias, casas bancárias e hotéis.

No último quartel do século XIX, as casas paulistas e paulistanas sofreram transformações, acompanhando a modernização das cidades, predominando o ecletismo arquitetônico, com os mais variados estilos.

As novas edificações só foram possíveis graças a engenheiros e arquitetos europeus, de artífices especializados em pintura decorativa de murais, carpintaria, vidraçaria e movelaria.

A disposição interna das casas também foi modificada: as alcovas, por exemplo, foram transformadas em quartos arejados com janelas; nos banheiros, introduziram-se banheira e lavatório, quando havia disponibilidade de água encanada e esgoto, pois a maioria das casas ainda era abastecida com água vinda de chafarizes espalhados pela cidade ou vendida em barris pelos aguateiros de porta em porta.

A cozinha passou a integrar o corpo da casa, recebeu janelas e foi munida com fogão a lenha, construído com tijolos importados, acionado com carvão ou coque; instalou-se uma chaminé para escoar a fumaça e, para esquentar a água do banho, uma serpentina.

Assim, mudou-se a vida cotidiana das casas – no que dizia respeito ao conforto, à decoração e à substituição dos utensílios domésticos e culinários. A tudo o que já existia foram agregados o luxo, o conforto e a higiene.

Com o aumento demográfico, cresceu a demanda por artigos de primeira necessidade, razão pela qual se multiplicaram os armazéns de secos e molhados. Vendedores ambulantes, em sua maioria imigrantes, efetuavam a venda de pães, carne e leite em carrocinhas puxadas por muares.

Para atender às exigências de consumo da burguesia cafeeira, inauguraram-se lojas de produtos importados de luxo, desde materiais de construção e utensílios de cozinha e de mesa (baixelas, faianças, faqueiros de prata e porcelanas) até vinhos e iguarias finas, bem como vestuário masculino e feminino, acompanhando os últimos lançamentos da moda parisiense.

Havia toda sorte de comércio, os escravos livres faziam parte dessa paisagem, em um vaivém pelas ruas do centro, ofertando todo tipo de alimentos, como ovos, inhame, palmito e abóbora, além de doces e salgados.

As vendedoras de peixe se instalavam na calçada da igreja da Ordem Terceira do Carmo. Vinham descalças "[...] vestidas de saias curtas e cobertas com um pequeno xale ou com uma baeta azul [...] naquele tempo, cada cambada de peixes [custava] 6 vinténs e, pela Quaresma, o preço das mesmas elevava-se a 12 vinténs" (Martins, 2003, p.120).

Guilherme Gaensly,
Rua XV de Novembro,
1898-1900.

As quituteiras vendiam café acompanhado de empadas, fatias de cuscuz, pés de moleque, bolos de milho-verde e pamonha. Quando caía a tarde, elas iluminavam os tabuleiros com luz de velas ou de candeeiros.

"Os antigos vaqueiros foram degradados à condição de leiteiros. Todas as manhãs, andavam pelas ruas carregando vasilha de estanho, tendo pendurada ao lado a medida do mesmo metal. [...] Mas São Paulo continuou a crescer. A freguesia cresceu tanto que eles tiveram de fazer o serviço em carrocinhas, puxadas por animais. [...] iam deixando os litros de leite nas janelas dos fregueses, ainda adormecidos [...]" (Schmidt, 2003, p.99-100).

Por volta de 1883, segundo Paulo Cursino de Moura (1943, p.166), na rua das Casinhas (depois do Tesouro), havia negras de tabuleiro, preconizando quitandas e guloseimas. Era o caso de nhá Maria Café, que administrava uma quitanda e "[...] todas as manhãs, para atender à numerosa freguesia, costumava fazer saborosas empadas de farinha de milho com piquira ou lambari [...] à noite fazia o apreciado cuscuz de bagre e camarão-de-água-doce, o qual, ainda bem quente, se acabava em poucos minutos [...]".

"A Rua das Casinhas foi, desde princípios do século XIX, o lugar destinado pela Câmara para nele se estacionarem as quitandeiras de verduras, legumes, frutas, leite, aves e ovos, os quais eram expostos à venda no passeio da mesma rua, a qual, todas as manhãs, enchia-se de muitas pessoas com o fim de comprarem o que desejavam, sendo, que, desde 1890, ano em que se inaugurou o Mercado de São João, deixou de se realizar na referida rua [...] a venda de verduras, legumes, frutas, leite, aves e ovos [...] negociando nesse gênero de comércio, somente Mme. Bresser e outras quitandeiras em pequeno número, no corredor das casas daquela rua" (Martins, 2003, p.200).

É emblemática a afirmação de Ernani Silva Bruno (1954, p.900): "O café – que condicionou o desenvolvimento econômico da província – teve assim em São Paulo a sua metrópole indiscutível".

*[...]
Cai o café na xícara pra gente
maquinalmente*

*E eu sinto o gosto, o aroma,
o sangue quente de São Paulo
nesta pequena noite líquida e cheirosa
que é a minha xícara de café.
A minha xícara de café
é o resumo de todas as coisas
que vi na fazenda e me vêm
à memória apagada...*

Cassiano Ricardo,
Martin Cererê

9 ÓCIO, TACHOS E GAMELAS

As fazendas de café, desde seu aparecimento em terras paulistas, reuniam várias atividades produtivas, sendo praticamente autossuficientes: havia o plantio, a colheita e o beneficiamento do café, a plantação de algodão e a manufatura de tecidos, de sacos para ensacar o café e de redes de dormir, a confecção de roupas para os escravos, entre outras atividades. Fabricavam-se utensílios de barro para uso doméstico, sabão de cinzas, velas de sebo, candeeiros de barro, carros de boi, arreios e móveis para uso próprio.

Plantavam-se e preparavam-se todos os gêneros de subsistência para o sustento dos escravos e patrões: farinha de milho e de mandioca, açúcar e aguardente, feijão, cará, abóbora, inhame, árvores frutíferas, legumes e verduras, sem a necessidade de se abastecerem nas vilas. É por isso que, "[...] enquanto a grande propriedade cafeeira predominou, a vida urbana se fixou em poucas aglomerações. Os trabalhadores

Antonio Luiz Dias de Andrade (Janjão), desenho de cozinha de sítio. Mogi das Cruzes (SP), zona rural.

das fazendas não precisavam de cidades, pois tinham no local o armarinho administrado pelo patrão, onde havia gêneros e manufaturas. A instalação de pequenos lavradores nos vales – inclusive com plantações de algodão – modifica esse esquema" (Monbeig, 1957, p.115).

A casa gravitava em torno da "varanda", um cômodo multifuncional, "local de estar, de comer, de trabalhar" (Lemos, 1976, p.99), hábito doméstico da cultura da cana-de-açúcar. Essa varanda era o elo comunicante de toda a casa e dava acesso ao pomar e ao jardim.

Na ala dos afazeres domésticos, situada no fundo da casa, ficava a cozinha, a despensa, o quarto de doces e de queijos, abertos para o quintal.

Muitas casas eram dotadas de duas cozinhas, uma destinada aos trabalhos leves reservados às sinhás, que se debruçavam na arte da doçaria, sinal de prestígio e distinção social. A outra, localizada no quintal, era considerada "suja", sem ventilação e sem chaminé, totalmente enfumaçada. Ali se distribuíam gamelas, pilões, caldeirões, além dos enormes tachos de cobre para os grandes cozidos e a preparação das compotas, como os doces de abóbora, batata-roxa, frutas cristalizadas, enfim guloseimas cujo preparo requeria tempo, pois ficavam a cozer por horas a fio até adquirir o ponto certo, um dos muitos segredos das sinhás.

Era também no quintal que ficavam o forno de barro para assar caças e leitoas, a moenda, o pilão para moer o café, a casa da farinha e a prensa da mandioca.

O sistema patriarcal mantinha as mulheres segregadas no recôndito do lar, espiando pelos cantos, pelas portas e pelas gelosias; elas só saíam às ruas para assistir às missas dominicais ou participar de festas religiosas.

Esse fato é relatado por muitos cronistas e viajantes do século XIX, que manifestavam indignação.

É o caso dos alemães Johann Baptist von Spix e Carl Friedrich Philipp von Martius (Spix & Martius, 2001, p.178), em permanência na cidade de Taubaté em 1817, relatam que era "costume português" as mulheres recolherem-se para a cozinha ou para o quarto "quando chegam pessoas estranhas".

O viajante português Emilio Zaluar (1975, p.45), que esteve no Brasil entre os anos de 1860 e 1861, também registrou o recolhimento das sinhazinhas: "[...] conservam ainda as senhoras em uma triste reclusão, costume que faz lembrar aos viandantes a tenda hospitaleira, mas zelosa, do Árabe".

Outra forte herança portuguesa está relacionada ao ócio. Os primeiros povoadores da colônia, embora não pertencessem à nobreza portuguesa, formaram uma aristocracia local, denominada "nobreza da terra".

Para os colonizadores, a faina da terra e dos afazeres domésticos era trabalho aviltante. Chegaram ao Novo Mundo com esperança de enriquecer e viver como nobres. O trabalho desmerecia a sua imagem e, portanto, deveriam negá-lo peremptoriamente, sobretudo diante de olhares estranhos: colocar "a mão na massa" não era conveniente a um senhor, pois este deveria manter sua aparência social.

Da mesma maneira, "A ênfase no ócio feminino das mulheres paulistas sugere antes a necessidade social de parecer não ter o que fazer" (Dias, p.96). O fato é confirmado pelo viajante e comerciante John Mawe (apud Franco, 1997, p.216), nos elogios feitos por ele aos doces servidos por uma dona da casa: "Presumi que os frutos tivessem sido conservados sob sua direção imediata; mas ela assegurou-me que não, e fez notar que suas negras faziam toda espécie de trabalho. Percebi ou imaginei que ela ficou ofendida com minha observação".

Mas as mulheres comprovaram que eram boas administradoras do lar, pois comandavam todos os afazeres domésticos e dividiam com as escravas os trabalhos manuais: a arte do bordado, da costura, de fiar e de cozinhar.

Para as sinhás, o ócio não existia: para espantá-lo, dedicavam-se à arte da doçaria, manifestação considerada nobre, uma medida de valor exterior, pois eram nesses afazeres que elas comprovavam sua criatividade e habilidade no forno e no fogão, brindando os comensais com o ponto certo da calda de açúcar ou do tempo de cozimento do bolo para não embatumar. Mas o grande trunfo, certamente, era o segredo de cada receita guardada na memória.

Quanto ao preparo dos pratos salgados, ficava relegado às mucamas ou aos escravos domésticos, sem grandes alterações no cardápio de tradição caipira.

Segundo o cronista Emilio Zaluar (ibidem, p.143), ao percorrer os cafezais de Campinas, em seu apogeu, o cardápio provado em uma fazenda era simples e sem imaginação: "Dois invariáveis regalos de feijão mal cozinhado e lombo mal frito".

Essa imagem é recorrente no relato dos cronistas e viajantes, que fizeram seu passadio em muitas fazendas nesse período, o que demonstra não só a carência de produtos na zona rural, como também a simplicidade da cozinha paulista, voltada para os produtos da terra.

Almofariz

10
São Paulo de vários sotaques

Marina Heck & Rosa Belluzzo,
Cozinha dos imigrantes: memórias e receitas

Imigrantes portugueses na entrega domiciliar de pães. São Paulo, 1950.

A abolição da escravatura, em 1888, incentivou a imigração estrangeira para o Brasil, com a oferta de excelentes oportunidades na lavoura cafeeira. Mas, antes mesmo desse evento, por volta de 1850, chegaram ao país imigrantes alemães e suíços, cuja experiência não obteve sucesso, já que a grande maioria dos trabalhadores teve dificuldade para se adaptar ao trabalho no campo, à moradia e à alimentação, além de enfrentar problemas com o contrato de trabalho.

Em *Memórias de um colono no Brasil*, o suíço Thomas Davatz relata ter trabalhado dois anos na fazenda Ibicaba e ter sido expulso do país por liderar uma revolta de colonos.

O estranhamento por ele sentido foi absoluto: Davatz criticou a precariedade das estradas, das vilas, das casas e da alimentação. A casa oferecida aos colonos para moradia, em geral, era entregue em péssimas condições: chovia em seu interior; não havia divisões internas, assoalho ou piso e nem

mesmo fogão. Quanto à alimentação, era sempre a mesma: arroz, milho, feijão, mandioca e batata-doce, que lhe causavam sensação desagradável ao paladar. O fubá era o alimento principal nas fazendas, utilizado para fazer toda a sorte de pães, massas, bolos e angu.

Os europeus da porção setentrional do continente não conheciam o milho e seus derivados; e aqueles que no Brasil os provaram acharam seu sabor insípido e repugnante: "Algumas pessoas que não conseguem suportar o intragável pão de fubá comem farinha seca misturada [ao café] com um pouco de açúcar" (apud Martins e Cohen, 2000, p.41).

A província de São Paulo recebeu imigrantes de todas as partes da Europa, destacando-se os italianos, que saíram de seu país de origem para fazer a América e ascender socialmente.

Na Itália, a mecanização do campo e a expulsão dos trabalhadores ocasionaram desemprego e fome e, portanto, a migração para os centros urbanos era vista como a única solução de que dispunham. O aceno de um país promissor, que necessitava de mão de obra, favoreceu a imigração para as terras paulistas.

Os imigrantes percorreram o mesmo caminho dos fundadores de São Paulo de Piratininga. Aventureiros, chegaram ao porto de Santos e subiram a impenetrável Serra do Mar em carroças de boi, em lombos de burro ou de trem. Conduzidos à Hospedaria dos Imigrantes, localizada no bairro do Brás, lá se submetiam a uma triagem e eram encaminhados para as fazendas de café no interior do estado.

Muitos deles trouxeram uma pequena poupança e optaram por permanecer na cidade, investindo na abertura de estabelecimentos comerciais no ramo de secos e molhados, padarias e açougues, confeitarias, cafés, restaurantes e pensões; também implantaram pequenas indústrias artesanais alimentícias, preparando massas e embutidos variados segundo os padrões italianos. Outros, com alguma especialização, dedicaram-se ao trabalho de artesãos, incluindo uma série de atividades, entre elas as de sapateiro, alfaiate, pintor e ferreiro.

Os colonos eram contratados na Europa: o compromisso que lá se firmava era o de que a viagem seria paga, e a família, contratada por alguma fazenda. As despesas de viagem e o adiantamento para a manutenção inicial consistiam em um empréstimo, a ser ressarcido com juros ao fazendeiro ao final de um ano de trabalho. A cada família se atribuía uma cota de pés de café para cultivar, colher e beneficiar. Metade do lucro líquido era recebido somente no fim da empreitada, ou seja, após a venda do café. Aos colonos também eram facultados o plantio, a criação de animais domésticos e a pas-

Na página ao lado, mulher e crianças japonesas na limpeza do cafezal no interior de São Paulo, s/d.

Ao lado, padaria de imigrante italiano na Rua Visconde de Parnaíba, Brás (SP), 1926.

Loja de tecidos da família
Kairalla, Sorocaba (SP), s/d.

tagem, em locais predeterminados, desde que pagassem aluguel. O mesmo se dava com as casas que habitavam.

Eles também eram obrigados a fazer compras nos armazéns sediados nas fazendas e suas aquisições eram anotadas em cadernetas. As mercadorias tinham valores abusivos, bem maiores do que aqueles auferidos nas casas comerciais das vilas mais próximas. Essa era uma forma de prender o colono à fazenda, mediante dívidas contraídas com o patrão.

De origem camponesa, os italianos tinham uma dieta alimentar simples em seu país de origem, composta essencialmente por polenta, sopas, massas caseiras e hortaliças. Mesmo assim, estranharam os alimentos oferecidos nas fazendas, pois sentiam falta do pão de cevada e de centeio: "Se nas dietas dos italianos do Norte predominava a polenta, no Sul contava-se basicamente com o pão de farinhas de cevada ou centeio acompanhado de verduras e cebolas cruas" (Alvin, 2006, p.228).

Na mudança de país, os imigrantes trouxeram seus hábitos alimentares como uma das maneiras de preservar sua identidade cultural. Carregaram em sua bagagem mudas, temperos, a máquina de macarrão e outros apetrechos habitualmente utilizados em sua cozinha. Amalgamaram seus hábitos de consumo baseados no arroz, no fubá, no tomate, na cebola e no alho, que encontraram aqui com facilidade. Por fim, aderiram às práticas alimentares paulistas, introduzindo na sua alimentação caças e raízes nativas; a carne de vaca, que era então de péssima qualidade, foi substituída pela de frango e de porco.

Eles cultivaram e disseminaram entre os paulistas o hábito de consumir verduras como escarola, almeirão, chicória, berinjela e pimentão. O arroz, velho conhecido do paladar italiano, ainda que de outro tipo, era consumido na forma de risoto de forno. As sobras de frango ou de carne eram aproveitadas para misturar com o arroz amanhecido e queijo ralado.

Adaptaram-se ao feijão com arroz, acompanhando-os de conserva de pimenta e cebola. Tradicionalmente, preparavam linguiças e conservas de molho de tomate, acondicionadas na despensa para regar massas e polentas consumidas todos os dias.

Nos dias festivos, os principais pratos servidos eram o imprescindível macarrão, a minestra, o cabrito à *cacciatora* ou o frango acompanhado de polenta, nhoque e leitão assado. Entre as sobremesas, constavam as frutas, *struffoli*, *sfogliatelli*, *pastiera di grano*, crostata de maçã, *canolli* (canudinhos recheados com creme de ricota) ou os doces cristalizados.

A colônia italiana contribuiu para a ampliação do repertório e das técnicas culinárias tanto no que diz respeito à preparação de embutidos, queijos, ricota e massas como ao consumo de verduras cruas e frutas frescas, o que não era costumeiro no cardápio paulista da época.

Os imigrantes, após vencer o contrato de trabalho, mudavam-se para os principais centros urbanos do estado ou para a cidade de São Paulo, concentrando-se nos bairros do Bexiga, da Mooca e do Brás.

Imigrantes das mais diversas origens, que chegaram a São Paulo, a partir de 1870, com destino às lavouras de café no interior paulista, não só trouxeram sua contribuição culinária como também partilharam dos sabores paulistas.

Os portugueses vieram em maior número, seguidos dos espanhóis e alemães. Os sírios e libaneses optaram pela profissão de mascates, comercializando seus produtos nas regiões cafeeiras mais prósperas, como relata o libanês Farid, em *Cozinha dos imigrantes* (Heck e Belluzzo,

1990). Segundo ele, sua mãe reproduziu no Brasil os hábitos de sua terra natal. O repertório de receitas era composto do sabor vigoroso do quibe, da esfirra, do arroz com lentilhas e da coalhada.

Em 1908, um grupo de japoneses desembarcou no porto de Santos. Mary relata a vinda dos avós no navio Kasato Maru: "Quando o navio chegou a Santos, os responsáveis pelas fazendas já estavam à espera dos imigrantes. Eles não foram tratados melhor do que os escravos, pois vieram para substituir a mão de obra negra [...]. Pelos maus-tratos, saudade do Japão, alimentação estranha e trabalho duro de sol a sol, muitos não resistiram, indo por água abaixo o sonho de voltarem ricos para a terra natal" (idem, p.70).

Os japoneses, nos primeiros tempos nas fazendas de café, tiveram um período duro de adaptação. Não havia no Brasil os produtos culinários e os temperos usados no Japão. Nas fazendas, substituíram os peixes habituais pela sardinha, que secavam e moíam para preparar o *missoshiru* (tradicional sopa japonesa).

No decorrer do século XX, principalmente na cidade de São Paulo, ocorreram transformações culinárias, resultado da influência dos imigrantes.

A cozinha paulista ou "caipira" foi desbancada pelos restaurantes, mas permaneceu no espaço familiar, mesclada com o macarrão, o quibe, a esfirra, os embutidos. A fusão de todos esses elementos originou nossa cultura mestiça e imaginativa.

> O almoço servido usualmente
> ao meio-dia, ou mais cedo, consiste, em geral,
> numa quantidade de verduras fervidas
> com carne de porco gorda, ou bife, uma raiz
> de espécies de batata e uma galinha recheada,
> com excelente salada, seguida por
> grande variedade de deliciosas conservas e doces.
>
> John Mawe
> citado em Ernani Silva Bruno, *História e
> tradições da cidade de São Paulo*

11 TRIVIAL VARIADO

O relato de alguns paulistas nos permite concluir que, até o século XX, não houve alterações significativas da alimentação. Maria Paes de Barros (1999, p.97), no seu livro *No tempo de dantes*, revela os horários das refeições: "Como em todas as casas desse tempo, as refeições eram servidas cedo. Almoçava-se às nove horas; às duas em ponto era servido o jantar; às oito, já noite, o mulato Joaquim trazia uma grande bandeja com xícaras de chá, que ia passando a toda a família instalada em volta da mesa. Tinha esta, no centro, três altos castiçais de prata, à cuja luz mortiça se viam pratos de torradas, biscoitos e pão de ló".

Esses hábitos se modificaram aos poucos, acompanhando a modernização da cidade. A instalação da luz elétrica constituiu o principal fator para que os horários das refeições se retardassem – o jantar, por exemplo, passou a ser servido às seis da tarde.

Na fazenda do Pinhal, de propriedade da família Arruda Botelho, "[...] o almoço era servido às onze horas, na mesa forrada com a toalha branca, onde cada um tinha lugar marcado, além duma travessinha com algum petisco preferido; um pedaço especial de frango, uma verdura do gosto. Entre as sopas servidas estavam a de milho verde com cambuquira, deliciosa e também chamada de mingau, a de cará ou de mandioca, servidas com um ovo escaldado. Os pratos eram arroz e feijão, duas ou três qualidades de carne, além das verduras costumeiras, couve, chuchu e chicória. [...] O almoço terminava com os doces. A mesa enchia-se de compoteiras com massas luminosas, de cores e texturas diferentes e impregnadas dos perfumes do pomar" (Gordinho, 2004, p.132).

Jorge Americano (1962, p.100) descreve como era uma refeição em uma casa burguesa no fim do século XIX: "Os menus são os atuais, com maior frequência de cozido, feijoada e virado de feijão com ovos e linguiça; às vezes cuscuz, às vezes vatapá, pepino recheado, pão recheado, abóbora madura (quibebe). [...] Desapareceu a paçoca de carne-seca. [...] As sobremesas são as atuais, convindo notar a frequência da geleia de mocotó e dos doces com base no milho: milho cozido, canjica, pamonha, curau".

Almeida Nogueira (apud Japur, 1963, p.28) também constata a simplicidade das refeições: "Os pratos principais, além da sopa que ainda não se havia generalizado, eram o cozido, feijão, arroz, couve, carne de vaca afogada ou assada, porco e, quase sempre, galinha. A canjica também estava presente à mesa, além dos doces de batata ou figo e arroz-doce. Destacavam-se além de outros alimentos: cuscuz de camarão-de-água-doce ou bagre, milho-verde, pamonha, curau, moqueca de piquira, pastéis de farinha de milho ou de trigo, bolos de milho socado ou mandioca puba, empadas de lambari ou piquira, quindungo (amendoim torrado e socado com pimenta e sal), tarecos, sequilhos e as bebidas: chá, chá-da-índia, aguardente de cana, garapa, melado, vinhos portugueses e espanhóis, gengibirra (milho socado, gengibre, açúcar mascavo e água)".

Em dias de festa, os pratos eram mais elaborados e enfeitados para a ocasião. Na mesa farta, não faltavam o cuscuz de bagre ou de camarão-de-água-doce, o frango recheado com farofa, o pernil ou o lombo de porco, entre muitas outras iguarias.

Vale lembrar que os utensílios culinários de origem indígena foram substituídos pelo que havia de mais moderno: "Na cozinha a aparelhagem passa por uma evolução completa: cobre, ferro esmaltado, alumínio, pirex" (Americano, p.98).

No fim do século XIX, houve uma mudança nos hábitos alimentares paulistas com a introdução da carne bovina e do trigo de melhor qualidade, além do açúcar refinado.

12
Colher de pau: fragmentos da memória

Gilberto Freyre,
Tempo de aprendiz

Gilberto Freyre foi um dos pioneiros na área da sociologia da alimentação ao lançar, em 1926, *O manifesto regionalista*, cujo tema é a valorização da cultura nacional. Nele, o sociólogo pernambucano enfatiza os hábitos alimentares regionais e faz um apelo para que se recuperem as receitas tradicionais: "Raras são hoje as casas [...] onde ainda se encontrem mesa e sobremesa ortodoxamente regionais: forno e fogão onde se cozinhem os quitutes tradicionais à boa moda antiga. O doce de lata domina. A conserva impera. O pastel afrancesado reina" (Freyre, 1996, p.67).

As práticas culinárias estão associadas aos hábitos alimentares e à maneira pelas quais diferentes culturas preservam sua identidade. Reveladoras das características próprias de um país ou de uma região, constituem um dos valores mais ilustrativos das nossas tradições.

A tradição familiar e a cultura oral permitiram a transmissão e a repetição das receitas, pois representam o elo de restauração dos hábitos alimentares, ao cingir o imaginário afetivo de cada indivíduo e evocar a magia e o espírito do lugar. Para Luís da Câmara Cascudo (1983a, p.19), "[...] a eleição de certos sabores que já constituem alicerce de patrimônio seletivo do domínio familiar, de regiões inteiras, unânimes na convicção da excelência nutritiva ou agradável, cimentada através de séculos, não se transforma com a mesma relativa facilidade da mudança de trajes femininos ou aceitação de transportes mais velozes".

A memória afetiva, principalmente no que tange ao olfato e ao paladar, é constituída pelas nossas recordações. As festas de Natal, os aniversários e os almoços festivos, compartilhados por familiares e amigos, são cerimônias bem-vindas, pois despertam o nosso paladar, remetendo-nos aos tempos de outrora.

O olfato e o paladar são os melhores testemunhos de nosso passado e confirmam as lembranças de certas iguarias que degustamos na infância, perpassam o tempo e permanecem como lembranças afetivas no presente.

Os cadernos de receitas que herdamos de nossas avós reavivam esses sentimentos – mais que isso, são o registro dos hábitos alimentares de uma época. Segundo Carlos Zolla (1995, p.17): "Somos, consciente ou inconscientemente, herdeiros de tradições em que o doce é um valor elementar enraizado em nossos mais profundos sistemas de crenças". Zolla considera o doce uma "metáfora da infância", elemento de "uma relação íntima que nos vem desse tempo da ausência do tempo", em que "a meninice e o doce compartem qualidades".

Foram essas memórias que provocaram a curiosidade do cronista e escritor Leonardo Arroyo, levando-o à seguinte reflexão: "Onde estão os doces?" O autor faz referência aos doces produzidos pelas sinhás paulistas de origem tão nobre quanto os do Nordeste, zelosamente guardados na memória ou nos cadernos de receitas, mas que não foram alardeados.

Entretanto, do chamado "quadrilátero do açúcar" em São Paulo, que teve grande valor econômico para a província no século XVIII, "nada registram os pesquisadores sobre doces. A essa manifestação intimista da casa paulista nenhuma importância foi dada" (Arroyo, 1985, p.20).

Nos primeiros tempos da colonização, o açúcar do Nordeste não chegava ao Sudeste e ao Sul, pois era todo exportado para a Europa. O açúcar produzido na região de São Paulo era insuficiente para abastecer sua população, como confirma Alfredo Ellis Júnior (1951, p.270): "O consumo do açúcar paulista era muito acanhado".

Quando os portugueses começaram a se deslocar para o planalto paulista, poucas eram as mulheres que os acompanhavam a essas plagas; e os coloni-

Xarope de café

Para uma viagem demorada, os apreciadores do bom café poderão tel-o sempre bem com um pouco de trabalho tendo antes se munido do bom café. Este prepara-se com 500 grammas de café torrado para 6 litros de xarope simples. Colloca-se o café num filtro de deslocação e esgota-se pela agua a ferver. Misturam-se as 100 grammas assim obtidas com o xarope e concentra-se a fogo nú ou a banho maria, até que o liquido se reduza e depois se engarrafa - o fio.

S. Paulo 2-9-911

Fac-símile do caderno de receitas de Hermelinda Pereira de Mello.

zadores que vieram com suas famílias logo partiam para o sertão, deixando suas esposas por alguns anos.

No final do século XVIII, a situação mudou com o esgotamento do ouro das Minas Gerais, de Cuiabá e Mato Grosso e, consequentemente, ocorreu o retorno dos bandeirantes à província paulista. Consolidou-se o povoamento nas zonas rurais com a abertura de novas frentes de trabalho e a implantação do ciclo açucareiro.

Nessa fase da produção de açúcar, quase não havia excedentes; as safras eram exportadas para Portugal e Rio de Janeiro, então capital do Império. Restava apenas a raspa do tacho, o melado e a rapadura. As sinhás criaram receitas com milho, fubá, amendoim e frutas. Nossas confeiteiras, no entanto, não tinham meios de disputar a primazia com a secular doçaria pernambucana.

O açúcar e os doces eram dádivas singulares das terras de Pernambuco, exclusividade das sinhás, que identificavam suas requintadas receitas com nomes de família.

Com a riqueza do café, várias engenhocas foram instaladas nas fazendas, facilitando a produção dos doces.

As discretas senhoras paulistas não divulgavam com tanta ênfase seus pre-

dicados e suas criações culinárias. Dedicadas com afinco e precisão aos pesos e medidas, eram elas as detentoras dos segredos da doçaria – do ponto da calda de açúcar, da quantidade de ovos ou de farinha de trigo, das técnicas de cozimento. Os doces e as sobremesas eram considerados o quinhão nobre da refeição; os demais pratos, como vimos, eram preparados pelos serviçais.

Sendo as mulheres iletradas, as receitas eram transmitidas oralmente de geração para geração, razão pela qual muitas delas se perderam.

No Brasil, os cadernos de receitas começaram a surgir no final do século XIX. Segundo o historiador Bruno Laurioux (1998, p.451), eles constituem o melhor testemunho das transformações das práticas culinárias de uma sociedade ou região: "Cada manuscrito representa um caso particular, a combinação específica de heranças textuais, de limitações locais e materiais e finalmente de desejos e gostos".

Os cadernos manuscritos e os livros de receitas possibilitam a análise dos modelos alimentares de cada época, suas transformações históricas e refletem as diferenças das cozinhas regionais.

Os cadernos de receitas de famílias paulistas por mim garimpados pertencem à primeira metade do século XX.

É interessante notar que seu conteúdo enfatiza especialmente os doces, as quitandas e as sobremesas de origem luso-brasileira, o que comprova que os pratos salgados, com efeito, não pertenciam ao universo dos afazeres femininos. Curiosamente, acompanham esses cadernos registros de fórmulas de medicamentos caseiros e de produtos para limpar panelas de cobre, receita de sabão, de graxa para sapatos e de creme para clarear a pele. Somente a partir da década de 1940 aparecem com mais frequência receitas de pratos salgados.

Entre os cadernos consultados, no período em que o café era o principal produto agrícola, somente em um deles há registro da bala de café e de um xarope, datado de 1911, com suas curiosidades: "Para uma viagem demorada, os apreciadores do bom café poderão tê-lo sempre bom com um pouco de trabalho tendo antes se munido do bom café. Este prepara-se com 500 gramas de café torrado para 6 litros de xarope simples. Coloca-se o café num filtro de desbocação e esgota-se pela água a ferver. Misturam-se as [sic] 100 gramas assim obtidas com o xarope e concentra-se a fogo nu ou a banho-maria até que o líquido se reduza e depois engarrafa-o frio".

Os lanches da tarde eram indispensáveis nas fazendas ou na cidade, quando as sinhás podiam mostrar seus predicados preparando quitandas variadas. Não faltavam bolinhos de chuva, biscoitinhos lua de mel, sequilhos, geleia de mocotó em taça, broinhas de fubá ou de amendoim, biscoito de polvilho, pão de ló, bolo de melado ou de fubá, sempre acompanhados de chá ou café. Dos tachos fumegantes dos fogões a lenha desprendiam-se aromas que até hoje impregnam nossos olfatos e são testemunho da transmissão da cozinha familiar.

A evocação dessas imagens remete-nos ao tempo passado, pois não esqueço quando minha avó Hermelinda ocupava-se uma manhã inteira fazendo geleia de mocotó, preparada no quintal da casa. Sob imensa trempe de ferro, acendia o fogo e colocava o enorme tacho de cobre contendo o mocotó e seus temperos. Para as crianças, era dia de festa, uma vez que era dada a todos a oportunidade de mexer o tacho enquanto a preparação estava ainda em estado líquido. A grande colher de pau de cabo longo era manuseada pelas crianças e depois repassada para as mãos firmes dos mais velhos, aos quais cabia apurar e bater a massa até ela adquirir consistência.

São Paulo perdeu sua tradição. Os pratos mais característicos de sua cozinha – o virado à paulista, o frango caipira ou recheado com farofa, o cuscuz, a canjica, o curau, a marmelada e a goiabada, as brevidades e o pudim à pauliceia – estão desaparecendo.

Novamente Gilberto Freyre (1996, p.67) é quem melhor sintetiza o destino dos cadernos de receitas, que mofam nos baús ou se perderam nos escaninhos do tempo: "As novas gerações de moças já não sabem, entre nós, [...] fazer um doce ou guisado tradicional e regional. Já não têm gosto nem tempo para ler os velhos livros de receitas de família".

Alipio Dutra, *Socando o café*, 1943.

RECEITAS

TRIVIAL VARIADO

Bolinho de arroz

4 *xícaras (chá) de arroz branco cozido*
2 *ovos*
1 *colher (sopa) de farinha de trigo*
1 *colher (chá) de fermento em pó*
4 *colheres (sopa) de queijo parmesão ralado*
sal e pimenta do reino a gosto
3 *colheres (sopa) de salsinha picada*
óleo para fritar

Em uma tigela funda, colocar o arroz e misturar os ovos batidos. Juntar os demais ingredientes e misturar bem.

Aquecer o óleo em uma panela. Com o auxílio de duas colheres de sopa, pegar pequenas porções da massa, formatar os bolinhos e fritar em óleo bem quente. Se preferir, enrolar com as mãos untadas de óleo.

Retirar com uma escumadeira e colocar sobre papel toalha.

RENDIMENTO: 30 UNIDADES ● TEMPO: 30 MINUTOS

Pastel de queijo
RECEITA: MARIA DÉO DE SOUZA PINTO

Massa
1 xícara (chá) de água
1 colher (chá) de sal
3 xícaras de farinha de trigo
3 colheres (sopa) de óleo
1 colher (sopa) de cachaça
óleo para fritar

Recheio
2 xícaras (chá) de queijo meia-cura ralado misturadas com 2 colheres (sopa) de xícara de salsinha picada

Aquecer a água e o sal em uma panelinha.

Colocar em uma vasilha funda a farinha e acrescentar a salmoura quente. Misturar bem com uma colher.

Acrescentar os demais ingredientes e sovar a massa até desgrudar da mão.

Cobrir com um pano de prato e deixar descansar por 30 minutos na geladeira.

Polvilhar uma superfície plana com farinha de trigo. Dividir a massa em 4 ou 5 porções. Abrir com um rolo em sentido longitudinal, até ficar fina.

Cortar 20 discos com cerca de 10 cm de diâmetro e colocar o recheio no centro da massa.

Dobrar ao meio delicadamente e pincelar a borda com água. Pressionar as bordas com os dedos ou com um garfo para fechar bem.

Colocar os pastéis em uma assadeira polvilhada com farinha de trigo e cobrir com um pano úmido para não ressecar.

No momento de servir, fritar em uma panela funda com bastante óleo, banhando com uma escumadeira. Os pastéis devem ficar dourados e crocantes.

Retirar com a escumadeira e colocar sobre papel toalha.

RENDIMENTO: 20 UNIDADES • TEMPO: 1H

Pastéis de farinha de milho
RECEITA: ANNA CERQUEIRA CESAR RUDGE VARELLA

Massa
200 g de farinha de milho branca
100 g de farinha de mandioca
1 colher (chá) de sal
1½ xícara (chá) de água fervente (aproximadamente)
2 gemas
banha de porco para fritar ou óleo vegetal

Peneirar as farinhas de milho e de mandioca em uma tigela funda, juntar o sal e misturar. Escaldar, aos poucos, com água fervente (em quantidade suficiente para formar um massa lisa e homogênea, fácil de abrir).

Amassar bem com as mãos, juntar as gemas e continuar a sovar a massa.

Polvilhar uma superfície plana com farinha de mandioca.

Abrir a massa com um rolo em sentido longitudinal, até obter uma espessura de 0,5 cm. Cortar discos (pode utilizar um copo como cortador) com cerca de 10 cm de diâmetro.

Colocar o recheio no centro e fechar em meia-lua. Apertar as bordas com a ponta dos dedos ou com um garfo.

Fritar em banha de porco ou óleo vegetal bem quente. Escorrer em papel toalha. Os pastéis devem ser servidos quentes.

Recheio de carne moída
1 cebola pequena em cubinhos
2 dentes de alho amassados
300 g de carne moída (patinho ou coxão mole)
2 tomates sem pele e sem sementes em cubinhos
1 xícara (chá) de azeitona verde picada
2 colheres (sopa) de salsinha picada
1 ovo cozido picado
sal e pimenta-do-reino a gosto
óleo vegetal

Aquecer 2 colheres (sopa) de óleo em uma panela média e refogar a cebola e o alho. Aumentar o fogo, acrescentar a carne deixando-a dourar (sem juntar água).

Adicionar o tomate, temperar com sal e pimenta a gosto. Abaixar o fogo e deixar cozinhar por mais 15 minutos.

Acrescentar as azeitonas, a salsinha e o ovo picado.

Deixar esfriar e reservar.

RENDIMENTO: 24 UNIDADES • TEMPO: 1H30

NOTA O pastel de milho frito em banha de porco fica mais saboroso.

Afogado de São Luiz do Paraitinga

200 g de toucinho defumado em cubinhos
1 cebola grande em cubinhos
2 dentes de alho picadinhos
1 pimentão vermelho em cubinhos
4 tomates, sem pele e sem sementes, em cubinhos
1½ kg de maminha cortada em cubos de 2 cm
12 xícaras de água fervente
1 folha de louro
sal e pimenta-do-reino a gosto
½ xícara (chá) de ervas picadas: folhas de hortelã, manjericão, salsinha e cebolinha
3 xícaras de farinha de mandioca crua
óleo vegetal
banana cozida
molho de pimenta-vermelha para servir

Preparar o afogado na véspera de servir.

Levar uma panela (grande) ao fogo com um pouco de óleo e dourar ligeiramente o toucinho. Juntar a cebola, o alho, o pimentão e o tomate até murchar. Acrescentar a carne e deixar dourar. Adicionar a água, o louro, o sal e a pimenta.

Cozinhar lentamente em fogo baixo, por aproximadamente 3 horas, com a panela tampada. Remover a espuma que se formar na superfície. Retirar do fogo e deixar esfriar. Levar à geladeira até o dia seguinte.

Descartar a camada de gordura que se formar na superfície. Separar o caldo e, com um garfo, lascar a carne. Acrescentar novamente ao caldo. Levar o afogado ao fogo e deixar cozinhar por mais 5 minutos. Juntar as ervas e acertar o sal.

Servir o afogado em uma sopeira da seguinte maneira: colocar 3 colheres (sopa) de farinha de mandioca em um prato fundo e regar com uma concha do caldo, misturando com um garfo até virar um pirão. Acrescentar a carne por cima do pirão, regando com mais caldo.

Servir com banana cozida e molho de pimenta.

RENDIMENTO: 6 PESSOAS ● TEMPO: 2H30

Angu

1 litro de água
250 g de fubá mimoso
2 colheres (sopa) de manteiga
sal a gosto

Em uma panela, ferver a água e o sal. Reduzir o fogo e pulverizar o fubá aos poucos, mexendo continuamente com uma colher de pau para não encaroçar.

Cozinhar durante 45 minutos ou até aparecer o fundo da panela. Se o angu ficar muito duro, adicionar mais água.

Retirar do fogo e acrescentar a manteiga. Colocar em um refratário untado com azeite.

RENDIMENTO: 6 PESSOAS ● TEMPO: 50 MINUTOS

Arroz de forno

8 xícaras (chá) de arroz preparado
2 colheres (sopa) de manteiga
3 ovos
250 ml de creme de leite ou leite
1 lata de palmito picado
1 lata de ervilha
1 xícara (chá) de queijo parmesão ralado
salsinha picada a gosto

Preparar um arroz simples.

Bater os ovos e juntar o creme de leite.

Em uma vasilha funda, colocar o arroz, misturar os ovos, o palmito, a ervilha, a salsinha, metade do queijo ralado e mexer tudo muito bem.

Colocar em um refratário untado com manteiga e polvilhar com o queijo parmesão. Levar ao forno para gratinar.

RENDIMENTO: 6 PESSOAS ● TEMPO: 45 MINUTOS

Frango caipira

1 frango caipira cortado nas juntas
1 limão
sal e pimenta-do-reino a gosto
200 g de toucinho defumado em cubinhos
1 cebola grande em cubinhos
2 dentes de alho amassados
1 folha de louro
3 tomates pelados, sem sementes, cortados em cubinhos
1 xícara (chá) de vinho branco seco
¼ xícara (chá) de salsinha picada
óleo vegetal

Limpar o frango com limão. Temperar com sal, alho e pimenta-do-reino.

Levar uma panela ao fogo com uma colher (sopa) de óleo e fritar o toucinho. Acrescentar os pedaços de frango e deixar dourar. Juntar a cebola, o louro, o vinho branco e o tomate. Tampar a panela e deixar cozinhar em fogo baixo, por uns 40 minutos ou até a carne ficar macia e o molho encorpado.

Na hora de servir, salpicar a salsinha.

Acompanha arroz, feijão e angu.

RENDIMENTO: 4 PESSOAS ● TEMPO: 1 HORA

Feijão-tropeiro

500 g de feijão carioquinha
250 g de toucinho em cubinhos
1 cebola picada
2 dentes de alho amassados
sal a gosto
½ xícara (chá) de farinha de mandioca
1 pimenta dedo-de-moça, sem sementes, picada (opcional)
½ xícara (chá) de salsinha e cebolinha picadas

Colocar o feijão em uma panela e cobrir com água.

Levar ao fogo para cozinhar até que os grãos estejam macios e inteiros.

Escorrer o caldo e reservar o feijão.

Dourar o toucinho em uma panela com uma colher (sopa) de óleo. Retirar o toucinho com uma escumadeira e secar em papel toalha.

Na mesma gordura que ficou na panela refogar a cebola e o alho. Acrescentar o feijão, o toucinho frito, temperar com sal e pimenta.

Misturar tudo muito bem e juntar a farinha de mandioca aos poucos.

Na hora de servir, salpicar salsinha e cebolinha.

RENDIMENTO: 6 PESSOAS ● TEMPO: 2H

Carne de panela

1½ kg de coxão duro
2 linguiças defumadas
1 cenoura cortada em rodelas
sal e pimenta-do-reino a gosto
2 dentes de alho espremidos
1 cebola em rodelas finas
1 folha de louro
1 xícara (chá) de vinho tinto
1 xícara (chá) de molho de tomate
1 colher (sopa) de farinha de trigo
25 g de manteiga
óleo vegetal

Perfurar com uma faca de lâmina fina o meio da carne no sentido horizontal. Preencher com linguiça e cenoura. Temperar com sal, alho e pimenta. Colocar em uma tigela e acrescentar a cebola, o louro, o vinho tinto e deixar marinar por 2 horas.

Aquecer o óleo em uma panela e colocar somente a carne para dourar de todos os lados. Em seguida, acrescentar a marinada e o molho de tomate.

Cobrir com água quente e cozinhar por 3 a 4 horas ou até que a carne esteja macia. Se necessário, acrescentar mais água.

Retirar a carne da panela e transferir para uma travessa. Reservar o molho. Descartar o louro.

Em uma tigela, misturar a manteiga e a farinha de trigo, fazer uma pasta e acrescentar ao molho. Voltar a panela ao fogo, aquecer o molho, mexendo sempre para não empelotar, até obter um molho consistente. Acertar o sal.

Servir a carne regada com o molho.

RENDIMENTO: 8 PESSOAS • TEMPO: 5H

Cuscuz à paulista

1 xícara (chá) de azeite de oliva
4 xícaras (chá) de água
sal a gosto
6 xícaras (chá) de farinha de milho
½ xícara (chá) de farinha de mandioca crua
1½ kg de peixe de carne consistente (badejo)
1 cebola grande picada
3 dentes de alho amassados
300 ml de molho de tomate
1 lata de ervilha
1 vidro grande de palmito em rodelas
½ pimenta dedo-de-moça sem as sementes, picadinha
300 g de camarão pequeno (sem casca)
½ xícara (chá) de azeitonas verdes picadas
1 xícara (chá) de salsinha picada
1 lata de sardinha
Para decorar: reservar 6 rodelas de palmito, 6 camarões grandes e 6 filés de sardinha.

Aquecer o azeite, a água e o sal em uma panela e reservar. Peneirar as farinhas de milho e de mandioca em uma tigela grande. Escaldar as farinhas com a mistura do azeite, mexendo para não formar grumos. A massa deve ficar bem úmida.

Temperar as postas de peixe com sal, limão e alho. Refogar no azeite e reservar.

Em uma panela, aquecer 2 colheres de azeite de oliva e refogar a cebola e o alho. Juntar o molho de tomate e cozinhar até engrossar. Acrescentar as ervilhas, o palmito, as azeitonas, a pimenta e a salsinha.

Temperar o camarão com uma pitada de sal e refogar rapidamente no azeite.

Juntar ao molho de tomate.

Acrescentar aos poucos a farinha ao molho de tomate e mexer até obter uma massa úmida. Experimentar o sal e cozinhar por 10 minutos em fogo baixo.

Colocar água na base do cuscuzeiro e levar ao fogo para ferver.

Montagem do cuscuz

Decorar o fundo do cuscuzeiro com os camarões refogados. Colocar 1/3 do recheio no recipiente e decorar as laterais com o palmito e os filés de sardinha. Pressionar a massa com as costas de uma colher para firmar. Colocar alternadamente o peixe e a massa. A última camada deve ser de massa. Cobrir o cuscuzeiro com folhas de couve ou com um pano de prato fino.

Levar para cozinhar, encaixando na base do cuscuzeiro (tomando cuidado para a água não tocar a massa), por aproximadamente 1 hora. Retirar o cuscuz do fogo, aguardar 5 minutos e desenformar sobre um prato.

RENDIMENTO: 6 PESSOAS ● TEMPO: 2H

NOTA Montar o cuscuz em um escorredor forrado com folhas de couve ou um pano de prato fino. Colocar água fervente em uma panela e encaixar o escorredor.

Pernil assado
RECEITA: SANTINA NORONHA NUNES (GINJA)

1 pernil suíno de 4 kg
5 dentes de alho amassados
2 colheres (sopa) de sal
pimenta-do-reino a gosto
suco de 2 limões
750 ml de vinho branco
2 cebolas médias picadas
3 folhas de louro
1 colher (sobremesa) de orégano
1 amarrado de cheiro-verde
2 litros de água
½ xícara (chá) de azeite de oliva

Temperar o pernil na véspera de servir com alho, sal e pimenta-do-reino.

Colocar o pernil em uma assadeira e regar com o suco de limão e o vinho branco. Juntar a cebola, o louro, o orégano e o cheiro-verde. Cobrir com papel-alumínio e levar à geladeira.

No dia seguinte, transferir o pernil com toda a marinada para uma panela grande acrescentando água fervente. Cozinhar por 2 horas.

Aquecer o forno a 200°C.

Transferir para uma assadeira untada com azeite. Regar com a metade do caldo do cozimento e o restante do azeite. Se o caldo secar, acrescentar mais marinada.

Cobrir com papel-alumínio e assar por cerca de 3 horas ou até que a carne esteja cozida. Retirar o papel-alumínio e deixar o pernil dourar.

Servir com farofa e arroz.

RENDIMENTO: 6 PESSOAS • TEMPO: 12H

Farofa

100 g de manteiga
200 g de toucinho defumado em cubinhos
1 cebola grande picada
1 dente de alho amassado
1 cenoura ralada
2 bananas-prata cortada em rodelas de 1 cm
1 xícara (chá) de azeitonas verdes picadas
1 xícara (chá) de milho-verde em conserva
4 xícaras (chá) de farinha de mandioca crua
sal a gosto
2 ovos cozidos picados
1 xícara (chá) de salsinha picada

Fritar o toucinho em uma panela. Juntar a manteiga e refogar o alho e a cebola. Adicionar a cenoura, o milho, a banana e deixar cozinhar por alguns minutos.

Juntar a farinha, temperar com sal e mexer bem. No final, acrescentar os ovos cozidos, as azeitonas e a salsinha.

RENDIMENTO: 6 PESSOAS • TEMPO: 30 MINUTOS

Paçoca de carne-seca

1 kg de carne-seca cortada em cubos
1 folha de louro
¼ de xícara (chá) de óleo vegetal (aproximadamente)
2 cebolas grandes picadas
2 dentes de alho amassados
sal a gosto
4 xícaras (chá) de farinha de mandioca torrada (aproximadamente)
1 xícara (chá) de salsinha

Na véspera, cortar a carne-seca em cubos e lavar bem. Colocar de molho em água fria e levar à geladeira, trocando a água umas 3 ou 4 vezes.

Escorrer a água, colocar a carne e o louro em uma panela. Cobrir com água e levar para cozinhar em fogo médio até desmanchar. Escorrer a água e deixar esfriar.

Lascar a carne, descartar nervos e gorduras. Em uma panela com um pouco de óleo, refogar a cebola e o alho. Acrescentar a carne e deixar fritar. Adicionar sal, se necessário.

Transferir a carne para um pilão e triturar, com a mão de pilão, até desfiar. Juntar aos poucos a farinha de mandioca e continuar moendo. A paçoca deve ficar úmida. Na hora de servir, adicionar a salsinha.

RENDIMENTO: 6 PESSOAS ● TEMPO: 2H30

NOTA Na falta do pilão pode-se obter um bom resultado da seguinte maneira: desfiar a carne e levar ao fogo para fritar com a cebola e o alho. Em seguida, juntar a farinha de mandioca e mexer bem. Essa mesma receita pode ser feita com carne de panela.

Galinhada

1 galinha caipira cortada nas juntas
1 cebola em cubinhos
1 dente de alho picadinho
2½ xícaras (chá) de arroz
3 tomates sem pele e sem sementes em cubinhos
sal a gosto
5 xícaras (chá) de água
3 colheres (sopa) de salsinha picada
óleo

Limpar o frango com limão e temperar com sal. Levar ao fogo uma panela com óleo, dourar a cebola e o alho. Acrescentar os pedaços de galinha e fritar até ficarem douradas. Juntar o arroz, colocar os tomates picados e deixar cozinhar por uns minutos. Acertar o sal.

Adicionar a água fervente até cobrir o arroz. Cozinhar com a panela tampada por cerca de 30 minutos ou até que o arroz e a galinha estejam cozidos. Se necessário, completar com mais água.

Na hora de servir, salpicar com salsinha.

RENDIMENTO: 6 PESSOAS ● TEMPO: 1H

Tigelada de chuchu
RECEITA: MARINA DE ALMEIDA PRADO BACELLAR

6 chuchus maduros
1 colher (chá) de sal
1 cebola média picada
2 dentes de alho espremidos
3 gemas
3 claras batidas em neve
3 colheres (sopa) de farinha de trigo
1½ xícara (chá) de leite
2 colheres (sopa) de queijo meia-cura ou parmesão ralado
sal a gosto
3 colheres (sopa) de salsinha picada
óleo vegetal para untar e farinha de rosca para polvilhar a forma

Preaquecer o forno a 180°C.

Descascar os chuchus e tirar o miolo. Cortar ao meio no sentido do comprimento e cozinhar em água e sal. Amassar a polpa do chuchu com um garfo deixando escorrer toda a água. Colocar em uma tigela e misturar os demais ingredientes.

Bater as claras em neve e acrescentar delicadamente a massa.

Untar um refratário ou uma forma para bolo com óleo e polvilhar com farinha de rosca. Levar ao forno para assar por 40 minutos.

RENDIMENTO: 6 PESSOAS ● TEMPO: 1H

Torta de palmito

Massa
4 xícaras (chá) de farinha de trigo
1 colher (chá) de sal
100 g de manteiga gelada em cubinhos
3 gemas
¼ de xícara (chá) de água gelada
farinha de trigo para polvilhar
2 gemas para pincelar a massa

Misturar a farinha e o sal em uma tigela. Acrescentar a manteiga e mexer com a ponta dos dedos até obter uma farofa. Juntar as gemas e amassar muito bem.

Acrescentar água aos poucos para obter uma massa homogênea que descole da mão.

Enrolar em filme plástico e levar à geladeira por 30 minutos.

Recheio
50 g de manteiga
1 colher (sopa) de azeite de oliva
1 cebola grande picada
1 dente de alho amassado
2 vidros de palmito em conserva, cortado em rodelas
2 colheres (sopa) de molho de tomate
1 cubo de caldo de legumes
1 colher (sopa) de maisena
1 xícara (chá) de leite
2 colheres (sopa) de salsinha picada
sal e pimenta-do-reino a gosto

Aquecer a manteiga e o azeite em uma panela e refogar a cebola e o alho até dourar. Acrescentar o palmito, o molho de tomate, o cubo de caldo de legumes, o sal e a pimenta a gosto. Adicionar a maisena dissolvida no leite. Mexer continuamente para o creme não empelotar, até obter uma consistência cremosa. Acrescentar a salsinha. Deixar o recheio esfriar e reservar.

Dividir a massa em duas partes (2/3 e 1/3). Polvilhar uma superfície plana com farinha de trigo. Abrir a massa com um rolo. Forrar o fundo e as laterais de uma forma removível de 22 cm de diâmetro.

Espalhar o recheio e cobrir com o restante da massa. Pressionar as bordas com os dedos para não abrir. Pincelar a superfície da massa com as gemas batidas.

Cobrir com um filme plástico e levar à geladeira por 15 minutos.

Preaquecer o forno a 180°C.

Assar por cerca de 40 minutos.

RENDIMENTO: 6 PESSOAS • TEMPO: 1H30

Virado à paulista

500 g de feijão mulatinho
2 folhas de louro
100 g de toucinho em cubos
1 cebola em cubinhos
2 dentes de alho amassados
sal a gosto
½ xícara (chá) de farinha de milho
óleo

Colocar o feijão em uma panela coberto com água. Juntar o louro e cozinhar até que os grãos fiquem macios e inteiros. Escorrer o caldo do feijão e reservar 3 xícaras (chá).

Em uma panela, dourar o toucinho. Retirar com uma escumadeira e colocar em papel toalha.

Na mesma panela refogar a cebola e o alho. Juntar os grãos de feijão, o toucinho, o caldo, temperar com sal e misturar bem.

Deixar cozinhar por alguns minutos e acrescentar aos poucos a farinha de milho, misturando continuamente com uma colher de pau até aparecer o fundo da panela.

Servir com costelinhas de porco, linguiça, ovos fritos e arroz.

RENDIMENTO: 6 PESSOAS ● TEMPO: 2H

COLHER DE PAU

BOLO DE MELADO
RECEITA: ESCOLÁSTICA CINTRA DE ALMEIDA PRADO

200 g de manteiga em temperatura ambiente
1½ xícara (chá) de açúcar
4 ovos
½ xícara (chá) de leite
1 xícara (chá) de melado
4 xícaras (chá) de farinha de trigo peneirada
1 colher (sopa) de fermento em pó
manteiga para untar e farinha de trigo para polvilhar a forma

Preaquecer o forno a 180°C.

Bater a manteiga com o açúcar na batedeira. Em seguida, colocar as gemas, batendo sempre, até obter um creme homogêneo. Juntar o leite, o melado e por último a farinha e o fermento. Bater as claras em neve e incorporar delicadamente à massa.

Untar uma forma (para bolo inglês) com manteiga polvilhada com farinha. Despejar a massa na forma e levar para assar por cerca de 45 minutos.

Desenformar morno.

RENDIMENTO: 6 PESSOAS ● TEMPO: 1H30

Bolo simples
RECEITA: MARIA APARECIDA NORONHA GALVEZ (DIDA)

200 g de manteiga em temperatura ambiente
2 xícaras (chá) de açúcar
3 ovos
2 xícaras (chá) de farinha de trigo
1 xícara (chá) de maisena
1 pitada de sal
1 colher (sopa) de fermento em pó
1 xícara (chá) de leite
manteiga para untar e farinha de trigo para polvilhar a forma

Preaquecer o forno a 200°C.

Bater a manteiga com o açúcar na batedeira até obter uma consistência cremosa. Adicionar as gemas uma a uma até incorporar bem.

Peneirar a farinha, a maisena, o sal e incorporar à massa, aos poucos, sem parar de bater. Juntar o fermento dissolvido no leite. Bater as claras em neve e misturar delicadamente à massa.

Untar uma forma para bolo com manteiga e polvilhar com farinha de trigo. Despejar a massa na forma e levar ao forno para assar por cerca de 45 minutos.

RENDIMENTO: 6 PESSOAS ● TEMPO: 1H30

Canjica

500 g de milho branco para canjica
1 litro de leite
1 pedaço de canela em pau
2½ xícaras (chá) de açúcar
canela em pó para polvilhar

Colocar o milho, o leite e a canela em pau em uma panela. Levar ao fogo para cozinhar em fogo baixo por 30 minutos ou até que os grãos estejam macios. Juntar o açúcar e manter no fogo por mais 15 minutos. O creme deve ficar consistente.

Servir quente, polvilhada com canela em pó.

RENDIMENTO: 8 PESSOAS • TEMPO: 1H

Curau

12 espigas de milho-verde
1 litro de leite
1½ xícara (chá) de açúcar
canela em pó

Retirar a palha e a barba das espigas de milho. Ralar o milho e raspar os sabugos com a ajuda de uma faca.

Acrescentar o leite ao milho ralado e deixar descansar por 10 minutos.

Colocar a massa em um pano de prato, juntar as pontas e torcer o pano para coar o líquido. Despejar o caldo em uma panela, acrescentar o açúcar, mexer e levar ao fogo para cozinhar. Quando levantar fervura, mexer continuamente até adquirir consistência de mingau.

Umedecer um refratário ou tigelinhas individuais com água e despejar o curau.

Deixar esfriar e levar à geladeira.

Servir polvilhado com canela em pó.

RENDIMENTO: 6 PESSOAS ● TEMPO: 1H30

NOTA Como opção, pode-se bater os grãos de milho no liquidificador com metade do leite e depois passar por uma peneira. Acrescentar o restante do leite e levar ao fogo para cozinhar.

Pamonha de Milho-Verde
RECEITA: ONILDA PROENÇA

20 espigas de milho
500 g de açúcar
200 ml óleo
½ colher (café) de sal

Retirar a palha e a barba das espigas de milho, reservando as palhas mais tenras e perfeitas para embalar as pamonhas. Lavar, secar e reservar.

Ralar as espigas em uma tigela funda e passar a polpa por uma peneira grossa. Misturar a polpa, o açúcar, o óleo, o sal e reservar.

Com a palha, fazer um copinho, unindo as laterais e dobrando o fundo como um envelope.

Colocar uma concha de massa e fechar com outro copinho colocado no sentido inverso. Amarrar com uma fita de palha ou de barbante no centro da pamonha. Mergulhar as pamonhas em um caldeirão com água fervente e cozinhar por aproximadamente 40 minutos.

Retirar com uma escumadeira e colocar as pamonhas sobre uma peneira para escorrer.

RENDIMENTO: 30 UNIDADES ● TEMPO: 2H

Pudim Pauliceia
RECEITA: TIA SOLANGE DE AMORIM LIMA

6 ovos
200 g de açúcar
½ xícara (chá) de queijo meia-cura ralado
100 g de manteiga em temperatura ambiente
4 colheres (sopa) rasas de farinha de trigo
½ copo de leite
1 colher (chá) de canela em pó
manteiga derretida e açúcar para untar a forma

Preaquecer o forno a 180°C.

Untar uma forma para pudim (20 cm de diâmetro) com manteiga e polvilhar com açúcar. Bater no liquidificador todos os ingredientes.

Despejar a massa em forma untada e levar para assar em banho-maria por cerca de 45 minutos.

Desenformar ainda morno.

RENDIMENTO: 6 PESSOAS • TEMPO: 1H

Pudim de café

PARA O CARAMELO
1 xícara (chá) de água
2 xícaras (chá) de açúcar

PARA O PUDIM
2 xícara (chá) de café bem forte ou
3 colheres (sopa) rasas de café instantâneo
10 ovos
1 litro de leite
3½ xícaras (chá) de açúcar
1 colher (chá) de canela em pó

Dourar o açúcar em uma panela. Acrescentar a água para derreter o caramelo. Caramelizar uma forma para pudim e reservar.

Preaquecer o forno a 180°C.

Bater todos os ingredientes no liquidificador. Despejar na forma e levar ao forno em banho-maria por cerca de 1 hora. Deixar esfriar e colocar na geladeira.

RENDIMENTO: 6 PESSOAS • TEMPO: 2H

Sopa de cavalo cansado ou Sopa dourada
RECEITA: BABY MOTTA

1 filão de pão amanhecido ou 5 pãezinhos franceses cortado em fatias de 1 cm de espessura
1 litro de leite
2 xícaras (chá) de açúcar
6 gemas
canela em pó para polvilhar
manteiga para untar

Preaquecer o forno a 180°C.

Untar um refratário com manteiga. Colocar as fatias de pão no refratário e regar com 1 xícara (chá) de leite. Deixar embeber por 5 minutos.

Passar as gemas por uma peneira e bater para gemada.

Em uma panela, ferver o restante do leite com o açúcar. Deixar esfriar e acrescentar a gemada, sem parar de mexer para não talhar. Voltar ao fogo para cozinhar e encorpar o creme.

Despejar o creme sobre o pão e deixar descansar por 15 minutos.

Levar ao forno para dourar.

No momento de servir, polvilhar com canela em pó.

RENDIMENTO: 6 PESSOAS ● TEMPO: 1H

NOTA A origem da "sopa do cavalo cansado" é portuguesa. Aproveitavam os pedaços de pão duro e regavam com vinho tinto ou leite, adoçavam com açúcar e aromatizavam com canela.

QUITANDAS PARA O CAFÉ

BISCOITO DE POLVILHO
RECEITA: VOVÓ HERMELINDA

500 g de polvilho azedo
½ copo (americano) de óleo
1 copo (americano) de água
1 copo (americano) de leite
1 colher (sopa) rasa de sal
3 ovos
óleo para untar a forma

Colocar o óleo, a água, o leite e o sal em uma panela e levar ao fogo para ferver. Retirar do fogo e deixar descansar por 5 minutos.

Em uma tigela grande, peneirar o polvilho e esfarelar bem com as mãos para desmanchar os grumos.

Escaldar o polvilho com a mistura do leite quente. Sovar bem a massa até ficar homogênea. Adicionar os ovos, um a um, e continuar sovando. Quando a massa desgrudar da mão estará boa para enrolar os biscoitos.

Preaquecer o forno a 200°C.

Untar uma assadeira grande com óleo. Besuntar as mãos com óleo e enrolar os biscoitos em forma de palitos, todos devem ter a mesma forma e tamanho. Colocar na forma com um bom espaço entre cada um pois eles crescem bastante.

Levar para assar em forno quente e quando começar a crescer abaixar o forno para temperatura média e deixar por mais 10 minutos ou até dourar.

RENDIMENTO: 30 UNIDADES • TEMPO: 45 MINUTOS

Bolinho de chuva
RECEITA: MARIA LOPES FIGUEIRA

3 xícaras (chá) de farinha de trigo
½ xícara (chá) de açúcar
1 colher (sopa) de fermento em pó
1 xícara (chá) de leite
3 ovos
óleo para fritar

Em uma tigela, misturar a farinha, o açúcar e o fermento. Acrescentar o leite, os ovos e mexer com uma colher de pau até obter uma massa homogênea.

Com duas colheres de sopa, moldar os bolinhos e fritar em óleo quente até dourar.

Retirar com uma escumadeira e colocar em papel toalha para secar.

Misturar o açúcar com a canela em pó e polvilhar os bolinhos.

RENDIMENTO: 35 BOLINHOS • TEMPO: 45 MINUTOS

BREVIDADE
RECEITA: NINI DUARTE

3 claras
6 gemas
2 xícaras (chá) de açúcar
1½ xícara (chá) de polvilho doce
manteiga para untar

Bater as claras em neve na batedeira até ficarem bem firmes. Juntar as gemas e continuar a bater (esse é o segredo da massa). Acrescentar o açúcar até começar a levantar bolhas e, por fim, adicionar o polvilho.

Untar 24 formas para empadinha com manteiga. Preenchê-las com a massa, até a metade. Aquecer o forno a 200°C.

Colocar em uma assadeira grande e levar para assar por aproximadamente 30 minutos ou até que estejam crescidas, firmes, mas não muito douradas.

RENDIMENTO: 24 UNIDADES • TEMPO: 1H

Lua de mel
RECEITA: ÁUREA STELLA FRANCO JUNQUEIRA

3⅓ xícaras (chá) de farinha de trigo
1 xícara (chá) de açúcar
250 g de manteiga em temperatura ambiente
¼ de xícara (chá) de mel para rechear
açúcar para polvilhar

Misturar a farinha, o açúcar e a manteiga e bater bem, até obter uma massa homogênea que desgrude das mãos. Embrulhar em filme plástico e levar à geladeira por 30 minutos.

Polvilhar uma superfície lisa (pedra-mármore) com farinha de trigo e abrir a massa com 3 mm de espessura. Cortar em discos de 2,5 cm de diâmetro e transferi-los para uma assadeira (não precisa untar). Levar à geladeira por 10 minutos.

Preaquecer o forno a 180ºC.

Assar por cerca de 15 minutos. Deixar esfriar.

Com uma faca, passar o mel em uma das partes do biscoito. Unir as duas partes e passar no açúcar. Guardar em pote fechado por uma semana.

RENDIMENTO: 50 UNIDADES • TEMPO: 1H30

BROINHAS DE AMENDOIM

RECEITA: MARIA ALBERTINA PEREIRA DE MELLO (TIA BETICA)

1 copo (americano) de água
1 copo (americano) de leite
½ copo (americano) de óleo
1 copo (americano) de açúcar
1 colher (café) de sal
1 colher (sopa) erva-doce
1 copo (americano) de farinha de trigo
½ copo (americano) de fubá mimoso
1½ copo (americano) de farinha de
amendoim torrado
5 a 6 ovos grandes

Preaquecer o forno a 180°C.

Preparar a farinha de amendoim: espalhar o amendoim na assadeira e levar ao forno para dourar. Esfregar o amendoim com as mãos para desprender a casca e sacudir em uma peneira. Moer o amendoim em um processador.

Peneirar a farinha de trigo e o fubá em uma tigela. Misturar a água, o leite, o óleo, o açúcar, o sal e a erva-doce em uma panela, levar para ferver e despejar lentamente na mistura da farinha. Voltar a panela ao fogo para cozinhar a massa até ficar homogênea. Retirar do fogo e deixar esfriar.

Transferir a massa para uma tigela e acrescentar a farinha de amendoim.

Sovar bem a massa (esse é o segredo para a broa ficar oca por dentro). Acrescentar os ovos, um a um, e continuar sovando, até ficar homogênea, com a consistência de enrolar. Se necessário, acrescentar mais ovos.

Deixar descansar a massa por 1 hora.

Untar uma forma grande com óleo.

Com as mãos untadas com óleo, enrolar as broinhas com 3,5 cm de diâmetro. Colocá-las bem espaçadas entre si na forma.

Assar em forno médio até ficarem douradas.

RENDIMENTO: 45 UNIDADES ● TEMPO: 2H30

GULOSEIMAS

BALAS DE CAFÉ
RECEITA: VOVÓ HERMELINDA

1 xícara (chá) de café bem forte
1 xícara (chá) de leite
2 xícaras (chá) de açúcar
4 colheres (sopa) de mel
25 g de manteiga
1 gema
2 colheres (sopa) de farinha de trigo

Em uma panela, misturar o café, o leite, o açúcar, o mel, a manteiga, a gema e a farinha de trigo. Levar ao fogo por aproximadamente 20 minutos ou até atingir o ponto de bala.

Para testar o ponto, pingar em um pires com água um pouquinho da massa e moldar com os dedos. Retirar do fogo e despejar sobre uma pedra-mármore untada com manteiga.

Deixar amornar (se estiver muito quente, a bala gruda na faca; se estiver muito fria, ela endurece demais e fica difícil para cortar).

Com uma faca de lâmina fina, untada com manteiga ou polvilhada com farinha, cortar as balas em quadradinhos.

Embrulhar em papel-manteiga ou celofane.

RENDIMENTO: 40 UNIDADES • TEMPO: 1H

Bom-bocado
RECEITA: MARIA ANTONIETTA SAMPAIO PEREIRA MENDES

½ kg de açúcar
2 xícaras (chá) de água
12 ovos
2 colheres de sopa de manteiga
1 xícara (chá) de queijo duro de Minas ralado
6 colheres rasas (sopa) de farinha de trigo.

Untar com manteiga 50 forminhas para empada e colocar em uma assadeira grande. Reservar.

Preaquecer o forno a 180°C.

Com o açúcar e a água fazer uma calda em ponto de fio. Retirar do fogo e acrescentar a manteiga e o queijo ralado.

Misturar aos poucos a farinha de trigo peneirada, mexendo com cuidado até obter uma massa homogênea.

Passar os ovos na peneira e acrescentar à massa, mexendo delicadamente. Deixar descansar por 1 hora.

Despejar nas forminhas e levar ao forno para assar por cerca de 40 minutos ou até que estejam douradas.

Retirar do forno, deixar amornar e desenformar.

Colocar em forminhas de papel.

RENDIMENTO: 50 UNIDADES • TEMPO: 1H30

Geleia de Mocotó

RECEITA: VOVÓ HERMELINDA

2 kg de mocotó de boi, bem limpo cortado em
rodelas de 3 cm
5 litros de água
4 claras
1 pedaço de canela em pau
4 cravos-da-índia
1 folha de louro
1 colher (sopa) de semente de erva-doce
1½ xícara (chá) de vinho do Porto branco
suco de 1 limão
4 xícaras de açúcar ou a gosto

Em um caldeirão com água cozinhar o mocotó até se desfazer. Retirar a espuma que se acumula na superfície.

Depois de cozido, coar o caldo em uma peneira, forrada com um pano de prato fino. Levar à geladeira por 6 horas e retirar a gordura que se forma na superfície.

Voltar o caldo para uma panela e levar ao fogo para ferver, até reduzir (cerca de 2 litros). Acrescentar o açúcar, o suco de limão, o vinho do Porto, as especiarias e cozinhar por mais alguns minutos.

Bater as claras em neve e juntar ao caldo do mocotó. Deixar levantar fervura por três vezes ou até que a geleia fique totalmente transparente.

Coar novamente em uma peneira forrada com pano fino.

Deixar esfriar e distribuir em tacinhas. Levar à geladeira por cerca de 3 horas. A geleia deve ficar firme.

RENDIMENTO: 8 PESSOAS ● TEMPO: 8H

Geleia de Jabuticaba

2 kg de jabuticabas
1½ litro de água
4½ xícaras de açúcar cristal

Lavar bem as jabuticabas e eliminar os cabinhos. Colocar para cozinhar em uma panela com água. Quando as cascas estiverem murchas, retirar do fogo e passar por uma peneira.

Adicionar o caldo em uma panela, juntar o açúcar e levar para ferver, sem mexer para não açucarar. Manter a panela tampada, retirando, de vez em quando, a espuma que se forma sobre o caldo. Cozinhar até atingir o ponto de geleia.

Para saber se está pronta, pingar a geleia em um pires, se não esparramar está no ponto.

Colocar em vidros escaldados em água fervente, deixar esfriar, tampar bem e conservar na geladeira.

RENDIMENTO: 8 PESSOAS • TEMPO: 1H30

Melado com mandioca

500 g de rapadura
1 xícara (chá) de água
1½ kg de mandioca

Descascar e cortar a mandioca em pedaços. Cozinhá-la, sem desmanchar. Escorrer a água e colocar em uma travessa.

Em uma panela, derreter a rapadura cortada em pedaços com uma xícara (chá) de água.

Para servir, colocar dois ou três pedaços de mandioca em um prato fundo e regar com o melado.

RENDIMENTO: 6 PESSOAS • TEMPO: 1H30

Marmelada
RECEITA: TIA SOLANGE DE AMORIM LIMA

2 kg de marmelo maduro
1 kg de açúcar cristal

Lavar os marmelos. Colocá-los inteiros para cozinhar em uma panela ou tacho de cobre com bastante água.

Depois de cozidos, escorrer a água e passar os marmelos por uma peneira.

Voltar a massa do marmelo novamente ao fogo. Juntar o açúcar e mexer com uma colher de pau. Cozinhar em fogo baixo, com a panela tampada. Deixar apurar até aparecer o fundo da panela.

Retirar do fogo e despejar em caixinhas de madeira ou em refratários forrados com papel-manteiga.

TEMPO: 2H

Paçoca de amendoim
RECEITA: THEREZINHA DA SILVA PONTES

500 g de amendoim
1 xícara (chá) de farinha de mandioca torrada
500 g de açúcar

Preaquecer o forno a 200°C.

Espalhar o amendoim em uma assadeira e levar ao forno para dourar.

Retirar a casca do amendoim com as mãos e passar por uma peneira.

Colocar no pilão o amendoim, a farinha de mandioca e o açúcar e socar até conseguir uma farofa úmida.

Usualmente, no interior de São Paulo, a paçoca é servida com café ou banana-maçã.

RENDIMENTO: 6 PESSOAS ● TEMPO: 1H

NOTA Antigamente torrava-se o amendoim em frigideira de ferro no fogão a lenha. Para substituir o pilão, pode-se colocar todos os ingredientes no liquidificador ou no multiprocessador e pulsar várias vezes, tendo o cuidado para que a paçoca não fique oleosa.

REFERÊNCIAS BIBLIOGRÁFICAS

ABREU, J. C. DE. *Caminhos antigos e povoamento do Brasil*. Rio de Janeiro: Sociedade Capistrano de Abreu, 1930.

_____. *Capítulos de história colonial (1500-1800)*. Belo Horizonte: Itatiaia; São Paulo: Edusp, 1988.

ALVIM, Z. Imigrantes: a vida privada dos pobres do campo. In: SEVCENKO, N. *História da vida privada no Brasil*. São Paulo: Companhia das Letras, 2006. v.3.

AMERICANO, J. *São Paulo nesse tempo (1915-1935)*. São Paulo: Melhoramentos, 1962.

ANDRADE, M. DE. Paisagem n.4. In: *Poesias completas*. Edição crítica de Dilé Zanotto Manfio. Belo Horizonte; São Paulo: Itatiaia; Edusp, 1987.

ANTONIL, A. J. *Cultura e opulência no Brasil*. Belo Horizonte: Itatiaia; São Paulo: Edusp, 1982.

ARROYO, L. Onde estão os doces? *Diário Oficial*. São Paulo: Imprensa Oficial do Estado, ano III, n.32, jan. 1985.

BARROS, M. P. DE. No tempo de dantes. In: MOURA, C. E. M. DE (Org.). *Vida cotidiana em São Paulo no século XIX*. São Paulo: Unesp, 1999.

BELLUZZO, R. *Fazeres e sabores da cozinha paulista*. São Paulo: Museu da Cidade de São Paulo/Casa do Bandeirante, 2007.

BINZER, I. V. Alegrias e tristezas de uma educadora alemã no Brasil. In: FRANCO, M. S. DE C. *Homens livres na ordem escravocrata*. 4.ed. São Paulo: Unesp, 1997.

BRUNO, E. S. *História e tradições da cidade de São Paulo*. Rio de Janeiro: José Olympio Editora, 1953, v.1. Coleção Documentos Brasileiros.

_____. *Café & Negro*. São Paulo: Atlanta, 2005.

CÂMARA CASCUDO, L. DA. *Geografia dos mitos brasileiros*. Itatiaia: Belo Horizonte; São Paulo: Edusp, 1983a.

_____. *História da alimentação no Brasil*. Itatiaia: Belo Horizonte; São Paulo: Edusp, 1983b. v.2.

CAMINHA, P. V. DE. *Carta ao Rei Dom Manuel*. Belo Horizonte: Crisálida, 2002.

CANDIDO, A. *Os parceiros do rio Bonito*. São Paulo: Duas Cidades, Editora 34, 2001.

CASTRO, F. A. Veiga de. Um fazendeiro do século passado. *Revista do Arquivo Municipal*, ano X, v.97, jul.-ago. 1944.

COSTA, E. V. DA. *Da senzala à colônia*. São Paulo: Difusão Europeia do Livro, 1966.

DIAS, M. O. L. DA S. *Quotidiano e poder em São Paulo no século XIX*. São Paulo: Brasiliense, 2001.

ELLIS JR., A. O café e a paulistânia. *História da Civilização Brasileira* n.13. Boletim n.141. São Paulo: Universidade de São Paulo. Faculdade de Filosofia, Ciências e Letras, 1951.

FLORENCE, H. *Viagem fluvial do Tietê ao Amazonas:* pelas províncias brasileiras de São Paulo, Mato Grosso e Grão-Pará (1825-1829). São Paulo: Museu de Arte de São Paulo, 1977.

FRANCO, M. S. DE C. *Homens livres na ordem escravocrata*. 4.ed. São Paulo: Unesp, 1997.

FREYRE, G. Diário de Pernambuco (Recife, 10 fev. 1924), coluna Da outra América. In: *Tempo de aprendiz:* artigos publicados em jornais na adolescência e na primeira mocidade do autor 1918-1926. São Paulo: Ibrasa, 1979. v.1.

_____. *Manifesto regionalista*. 7a.ed. revista e ampliada. Recife: Fundaj/Editora Massangana, 1996.

GANDAVO, P. M. *Tratado da terra do Brasil*. Belo Horizonte: Itatiaia; São Paulo: Edusp, 1980.

GORDINHO, M. C. *A casa do Pinhal*. Edição fac-similar. São Paulo: Imprensa Oficial do Estado de São Paulo, 2004.

HECK, M. & BELUZZO, R. *Cozinha dos imigrantes:* memórias e receitas. São Paulo: DBA; Melhoramentos, 1999.

HOLANDA, S. B. DE. *Caminhos e fronteiras*. 2a.ed. Rio de Janeiro: José Olympio, 1975. Col. Documentos Brasileiros.

_____. *Monções*. São Paulo: Brasiliense, 2000.

_____. Movimentos da população em São Paulo no século XVIII. *Revista do Instituto de Estudos Brasileiros*, n.1, 1966.

JAPUR, J. *Cozinha tradicional paulista:* salgados, doces, bebidas. São Paulo: Folc-Promoções, 1963.

LAPA, J. R. A. *A cidade, os cantos e os antros:* Campinas 1850-1900. São Paulo: Edusp, 1996.

LAURIOUX, B. Cozinhas medievais (séculos XIV e XV). In: FLANDRIN, J. L., MONTANARI, M. (Orgs.). *História da alimentação*. São Paulo: Estação Liberdade, 1998.

LEMOS, C. *Cozinhas, etc.* São Paulo: Perspectiva/Secretaria da Cultura, Ciência e Tecnologia do Estado de São Paulo, 1976.

_____. *Casa paulista: história das moradias anteriores ao ecletismo trazido pelo café*. São Paulo: Edusp, 1999.

LOBATO, M. *Cidades mortas*. São Paulo: Brasiliense, 2003.

_____. *Urupês*. São Paulo: Brasiliense, 1959.

MACEDO, J. M. DE. *Notions de Chorographie du Brésil* (Noções de corografia do Brasil). Leipzig: Imprimerie de F. A. Brockhaus, 1873.

MARTINS, A. E. *São Paulo Antigo. 1554-1910*. São Paulo: Paz e Terra, 2003. Col. São Paulo, 4.

MARTINS, A. L. *História do café*. São Paulo: Contexto, 2007.

MARTINS, A. L., COHEN, I. S. *O Brasil pelo olhar de Thomas Davatz (1856-1858)*. São Paulo: Atual, 2000.

MORGADO DE MATEUS. Carta de 11 de agosto de 1769. In: *Documentos interessantes para a história e costumes de São Paulo*. São Paulo: Arquivo do Estado de São Paulo, 1895. v. 65.

MONBEIG, P. As estruturas agrárias da faixa pioneira paulista. In: _____. *Novos estudos de geografia humana brasileira*. São Paulo: Difel, 1957.

MORSE, R. *Formação histórica de São Paulo:* da comunidade à metrópole. São Paulo: Difusão Europeia do Livro, 1970.

MOURA, P. C. DE. *São Paulo de outrora* (*Evocações da metrópole*). São Paulo: Livraria Martins Editora, 1943.

NARDY FILHO, F. *O padre Antônio Pacheco da Silva*. São Paulo: edição particular, 1950.

NAVA, P. *O círio perfeito*. São Paulo: Ateliê Editorial, 2004.

PRADO, P. *Paulística:* história de São Paulo. São Paulo: Companhia Graphico-Editora Monteiro Lobato, 1925.

PRADO JR., C. *Formação do Brasil contemporâneo*. São Paulo: Brasiliense, 1994.

PIRES, C. *Conversas ao pé do fogo*. Edição fac-similar. São Paulo: Imprensa Oficial do Estado, 1987.

RICARDO, C. *Martim Cererê:* o Brasil dos meninos, dos poetas e dos heróis. Rio de Janeiro: José Olympio, 2003.

SAIA, L. *Morada paulista*. São Paulo: Perspectiva, 1978.

SAINT-HILAIRE, A. DE. *Viagem pelas províncias de Rio de Janeiro e Minas Gerais (1822)*. Belo Horizonte: Itatiaia; São Paulo: Edusp, 1975.

SINGER, P. *Desenvolvimento econômico e evolução urbana*. São Paulo: Editora Nacional, 1968.

SCHMIDT, A. *São Paulo de meus amores*. São Paulo: Paz e Terra, 2003.

SINGER, P. *Desenvolvimento econômico e evolução urbana*. São Paulo: Editora Nacional, 1968.

MELLO E SOUZA, L. DE. *Desclassificados do ouro:* a pobreza mineira no século XVIII. 4a.ed. São Paulo: Graal, 2004.

SPIX, J. B. VON & MARTIUS, C. F. P. VON. Viagem pelo Brasil. In: *Equipamentos, usos e costumes da casa brasileira*. São Paulo: Museu da Casa Brasileira; Edusp, 2001. Fichário Ernani Silva Bruno, v.3.

TAUNAY, A. E. DE. *Relatos monçoeiros*. Belo Horizonte: Itatiaia; São Paulo: Edusp, 1981.

_____. *São Paulo nos primeiros anos (1554-1601). São Paulo no século XVI*. Rio de Janeiro: Paz e Terra, 2003.

TOLEDO, R. P. DE. *A capital da solidão:* uma história de São Paulo das origens a 1900. Rio de Janeiro: Objetiva, 2003

VON BINZER, I. *Alegrias e tristezas de uma educadora alemã no Brasil*. In: FRANCO, M. S. DE C. São Paulo: Anhambi, 1956.

VON MARTIUS, C. F. P. *Viagem ao interior do Brasil*. Rio de Janeiro: Imprensa Nacional. 1938. v.1.

VON SPIX, J. B. & VON MARTIUS, C. F. P. *Viagem pelo Brasil*. In: *Equipamentos, usos e costumes da casa brasileira*. São Paulo: Museu da Casa Brasileira; Edusp, 2001. Fichário Ernani Silva Bruno, v.3.

ZALUAR, A. E. *Peregrinação pela província de São Paulo (1860--1861)*. Belo Horizonte: Itatiaia; São Paulo: Edusp, 1975.

ZEMELLA, M. *O abastecimento da capitania das Minas Gerais no século XVIII*. São Paulo: Hucitec; Edusp, 1990. Col. Estudos Históricos.

ZOLLA, C. *Elogio Del Dulce:* ensayo sobre la dulcería mexicana. México: Fundo de Cultura Económica, 1995.

CRÉDITOS DE FOTOS

As letras ao lado dos números das páginas indicam a posição da ilustração da esquerda para a direita e de cima para baixo. ● Acervo Biblioteca José e Guita Mindlin. Fotos de Lúcia Mindlin Loeb: p.12, p.22, p.42-43, p.45 ● Acervo Memorial do Imigrante: p.41, p.56, p.58, p.59 ● Acervo da Pinacoteca do Estado de São Paulo/Brasil: p.30, 34 ● Baby Motta: p.96 abc ● Biblioteca Mario de Andrade: p.14, p.33 ● Centro de Memória Bovespa: p.16, p.20-21 ● Coleção Emanoel Alves de Araújo: p.71 ● Coleção Família Kairalla: p.60 ● Coleção Modesto Carvalhosa: p.38 ● Instituto do Patrimônio Histórico e Artístico Nacional, 9ª. Superintendência Regional do IPHAN, São Paulo: p.18, p.19, p.54. ● Museu Paulista da Universidade de São Paulo: p.24. ● Romulo Fialdini: capa, p.26, p.65, p.68, p.72, e todas as fotos das receitas ● Coleção SAN/DPH/SMC/PMSP: p.8-9, p.10, p.11, p.37, p.40, p.46, p.48, p.49, p.51, p.52, p.55, p.62, p.66 ● PUBLICAÇÕES A. M. Belluzzo, *O Brasil dos viajantes*. São Paulo: Metalivros, 1994: p.15. ● C. Fernandes, *A culinária paulista tradicional nos hotéis*. São Paulo: Editora Senac. Foto de Walter Morgenthaler. São Paulo: Editora São Paulo: Senac, 1998: p.96d ● F. Cardin, *Tratados da terra e gente do Brasil*. Lisboa: Comissão Nacional para as comemorações dos descobrimentos portugueses, 1997: p.28, p.29

SOBRE O LIVRO

Formato: 23,5 x 24,5 cm ● Mancha: 46 x 45,7 paicas ● Tipologia: Bembo 11,5/14,5 ● Papel: Couché fosco 150 g/m² (miolo) ● Cartão Supremo 400 g/m² (capa) com revestimento em couché fosco 150 g/m² ● 1ª edição: 2008 ● Impressão e acabamento: HR Gráfica